2025年度版

JN037574

鳥取県の
面接

過 去 問

協同教育研究会 編

協同出版

はじめに〜「過去問」シリーズ利用に際して〜

　教育を取り巻く環境は変化しつつあり，日本の公教育そのものも，教員免許更新制の廃止やGIGAスクール構想の実現などの改革が進められています。また，現行の学習指導要領では「主体的・対話的で深い学び」を実現するため，指導方法や指導体制の工夫改善により，「個に応じた指導」の充実を図るとともに，コンピュータや情報通信ネットワーク等の情報手段を活用するために必要な環境を整えることが示されています。

　一方で，いじめや体罰，不登校，暴力行為など，教育現場の問題もあいかわらず取り沙汰されており，教員に求められるスキルは，今後さらに高いものになっていくことが予想されます。

　本書の基本構成としては，面接試験の概要，過去数年間の面接試験の出題内容を掲載しています。各自治体や教科によって掲載年数をはじめ，面接試験対策や提出書類の書き方を掲載するなど，内容が異なります。

　また原則的には一般受験を対象としております。特別選考等については対応していない場合があります。なお，実際に出題された順番や構成を，編集の都合上，変更している場合があります。あらかじめご了承ください。

　みなさまが，この書籍を徹底的に活用し，教員採用試験の合格を勝ち取って，教壇に立っていただければ，それはわたくしたちにとって最上の喜びです。

協同教育研究会

C O N T E N T S

第 1 部

面接試験の概要

面接試験の概要

■ 面接試験の意義

　論作文における筆記試験では，教員として必要とされる一般教養，教職教養，専門教養などの知識やその理解の程度を評価している。また，論作文では，教師としての資質や表現力，実践力，意欲や教育観などをその内容から判断し評価している。それに対し，面接試験は，教師としての適性や使命感，実践的指導能力や職務遂行能力などを総合し，個人の人格とともに人物評価を行おうとするものである。

　教員という職業は，児童・生徒の前に立ち，模範となったり，指導したりする立場にある。そのため，教師自身の人間性は，児童・生徒の人間形成に大きな影響を与えるものである。そのため，特に教員採用においては，面接における人物評価は重視されるべき内容であり，最近ではより面接が重視されるようになってきている。

■ 面接試験とは

　面接試験は，すべての自治体の教員採用選考試験において実施されている。最近では，教育の在り方や教師の役割が厳しく見直され，教員採用の選考においても教育者としての資質や人柄，実践的指導力や社会的能力などを見るため，面接を重視するようになってきている。特に近年では，1次選考で面接試験を実施したり，1次，2次選考の両方で実施するところも多くなっている。

　面接の内容も，個人面接，集団面接，集団討議(グループ・ディスカッション)，模擬授業，場面指導といったように多様な方法で複数の面接試験を行い，受験者の能力，適性，人柄などを多面的に判断するようになってきている。

　最近では，全国的に集団討議(グループ・ディスカッション)や模擬授

業を実施するところが多くなり，人柄や態度だけでなく，教員としての社会的な能力の側面や実践的な指導能力についての評価を選考基準として重視するようになっている。内容も各自治体でそれぞれに工夫されていて，板書をさせたり，号令をかけさせたりと様々である。

このように面接が重視されてきているにもかかわらず，筆記試験への対策には，十分な時間をかけていても，面接試験の準備となると数回の模擬面接を受ける程度の場合がまだ多いようである。

面接で必要とされる知識は，十分な理解とともに，あらゆる現実場面において，その知識を活用できるようになっていることが要求される。知っているだけでなく，その知っていることを学校教育の現実場面において，どのようにして実践していけるのか，また，実際に言葉や行動で表現することができるのか，といったことが問われている。つまり，知識だけではなく，智恵と実践力が求められていると言える。

なぜそのような傾向へと移ってきているのだろうか。それは，いまだ改善されない知識偏重の受験競争をはじめとして，不登校，校内暴力だけでなく，大麻，MDMA，覚醒剤等のドラッグや援助交際などの青少年非行の増加・悪質化に伴って，教育の重要性，教員の指導力・資質の向上が重大な関心となっているからである。

今，教育現場には，頭でっかちのひ弱な教員は必要ない。このような複雑・多様化した困難な教育状況の中でも，情熱と信念を持ち，人間的な触れ合いと実践的な指導力によって，改善へと積極的に努力する教員が特に必要とされているのである。

■ 面接試験のねらい

面接試験のねらいは，筆記試験ではわかりにくい人格的な側面を評価することにある。面接試験を実施する上で，特に重視される視点としては次のような項目が挙げられる。

① 人物の総合的評価　面接官が実際に受験者と対面することで，容姿，態度，言葉遣いなどをまとめて観察し，人物を総合的に評価することができる。これは面接官の直感や印象によるところが大きい

5

　が，教師は児童・生徒や保護者と全人的に接することから，相手に好印象を与えることは好ましい人間関係を築くために必要な能力と言える。

② 性格・適性の判断　面接官は，受験者の表情や応答態度などの観察から性格や教師としての適性を判断しようとする。実際には，短時間での面接のため，社会的に，また，人生の上でも豊かな経験を持った学校長や教育委員会の担当者などが面接官となっている。

③ 志望動機・教職への意欲などの確認　志望動機や教職への意欲などについては，論作文でも判断することもできるが，面接では質問による応答経過の観察によって，より明確に動機や熱意を知ろうとしている。

④ コミュニケーション能力の観察　応答の中で，相手の意思の理解と自分の意思の伝達といったコミュニケーション能力の程度を観察する。中でも，質問への理解力，判断力，言語表現能力などは，教師として教育活動に不可欠な特性と言える。

⑤ 協調性・指導性などの社会的能力(ソーシャル・スキル)の観察　ソーシャル・スキルは，教師集団や地域社会との関わりや個別・集団の生徒指導において，教員として必要とされる特性の一つである。これらは，面接試験の中でも特に集団討議(グループ・ディスカッション)などによって観察・評価されている。

⑥ 知識・教養の程度や教職レディネスを知る　筆記試験において基本的な知識・教養については評価されているが，面接試験においては，さらに質問を加えることによって受験者の知識・教養の程度を正確に知ろうとしている。また，具体的な教育課題への対策などから，教職への準備の程度としての教職レディネス(準備性)を知る。

第2部

鳥取県の面接
実施問題

2024年度　面接実施問題

◆適性検査　2次試験

▼全校種

【検査名】

□MMPI

　　検査は2つの検査から成り立っており，検査Ⅰの受検時間の目安は25分(制限時間は45分)，検査Ⅱ受検時間の目安は10分とされている。検査Ⅰのみ制限時間があり，制限時間を過ぎると強制終了するため，その場合は再度ログインし，初めからの再受検となる。検査Ⅱは，制限時間はない。この適性検査は点数をとることが目的ではなく，職務適性等を測る検査とされている。

◆実技試験　2次試験

▼全校種

【ICT活用課題】20分

□WindowsPC，Chromebook又はiPadのいずれかを選択し，「Google Workspace」のアプリ(「ドキュメント」，「スライド」，「Jamboard」，「スプレッドシート」，「Classroom」，「フォーム」，「Meet」，「サイト」)のいくつかを用いて，基本的な操作に関する技能・実技試験を行う。

※会場に設置してある端末を使用する。

※受験者1人につき，試験管1人がつく。

〈課題内容・流れ〉

　　以下の①〜⑤を順に行っていくこと。ただし，分からない場合にはその問題を飛ばすことは可。また，時間内であれば戻って再度解き直すことも可。

①　Googleアカウントにログイン(メールアドレス，パスワードは指定)した後，Classroomに教師として参加し，クラスを作成する(クラス名は受験番号)。

②　①で作成したクラスに，指定されたメールアドレスを入力し1人の生徒を招待する。招待を適切に行うことができれば，試験官より「招待されました」と合図がある。

③　Jam boardで指定のフォーマットを作成した後，生徒が共同で編集できるように設定し，①で作成したクラスに課題として提出する。同様に，Googleスライドで指定のフォーマットを作成した後，生徒が個人で編集できるように設定し，①で作成したクラスに課題として提出する。

④　Google Meetのリンクを作成し，生徒に「参加」ボタンが見えるように設定する。

⑤　Google formsで以下の指示に従いアンケートを作成する。
　　　ファイル名　　「行ってみたい場所」
　　　タイトル名　　「行ってみたい場所」
　　　質問1は，1. 行ってみたい場所(複数回答可)
　　　　　　□砂丘　□温泉　□大山(チェックボックスを選択)
　　　質問2は，2. 行ってみたい理由(段落)
　　連絡事項に「明日までにアンケートに答えてください」と記入し，アンケートを①で作成したクラスに連絡する。
　　※アンケート作成内容は，一人一人違う内容

▼中学英語
【課題】
□英語を用いたコミュニケーションに関する技能・実技試験(指導のポイントに関する説明を含む)

▼中学音楽

【課題1】

□歌唱

　以下の中学校の歌唱共通教材３曲の中から１曲を選び，１番のみピアノ伴奏をつけて弾き歌う。

　　①　浜辺の歌　　②　夏の思い出　　③　花

　「夢の世界を(橋本祥路作曲)」の混声合唱部分(ソプラノ及びテノール)をアカペラで歌唱する。

【課題2】

□独奏

　ピアノ，管弦打楽器，和楽器のいずれかで任意の曲を演奏する。

〈携行品〉

　各自が演奏する楽器及び楽譜(暗譜も可)

　(ピアノ，マリンバ(４オクターブ)は当方で準備する。)

※箏については，当方で準備したものを使用してもよい。その際，立奏台は当方で準備する。

▼中学美術　90分

【課題】

□テーマは「空想の世界」。自分の手を描写し，一点透視図法を用いた画面に自由に構成しなさい。

※一点透視図法の画面に何を組み込むかは自由とする。

〈制作についての注意事項〉

・画面の使い方は，縦・横どちらでもよい。

・使用してもよい用具は，鉛筆素描用具一式及び定規(30cm程度)のみとする。

・裏面の右下に，「受験番号」を記入すること。

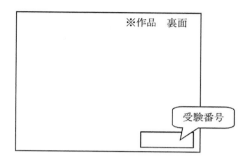

〈作品の解説〉

　作品の意図や工夫した点等を書きなさい。

〈指導のポイントに関する説明〉

　中学2年生に，一点透視図法を用いた「空想の世界」を絵に表す活動を指導する際の指導のポイントを書きなさい。

〈携行品〉

　鉛筆素描用具一式，定規(30cm程度)

▼中学保体

【課題】

□体つくり運動，器械運動(マット運動)，球技(バレーボール)及びダンスに関する技能・実技試験(指導のポイントに関する説明を含む)

〈携行品〉

　運動のできる服装，体育館シューズ，筆記用具

※体育館シューズは，試験会場用の上履きとは別に準備すること。

▼中学技術　100分

【課題1】

□下のティッシュラックを，下の(1)～(3)に従って，板材(12mm× 160 mm× 505 mm)を３枚使って製作しなさい。

(1)　解答用紙に板材の材料取り図をかきなさい。

　(ただし，くぎを打つ位置のおおまかな寸法を記入すること。フリーハンドでもよい)

(2)　さしがね，両刃のこぎり，かんな，ドレッサ，四つ目ぎり，げんのう，接着剤，紙やすり，ラジオペンチ，くぎ抜きを使用して製作しなさい。接合には，くぎを使用すること。必要に応じて，滑り止め，クランプ，木片，雑巾を使用してよい。

(3)　材料をげんのうでくぎ接合する際，①打ちはじめ，②打ちおわりについて，生徒に指導する上で注意すべきポイントを解答用紙に答えなさい。

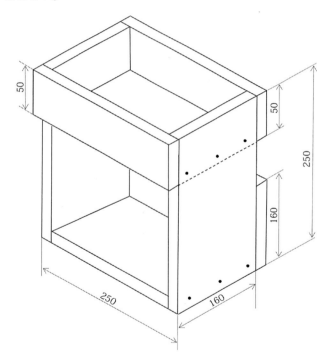

12

〈解答用紙〉

【問題1】

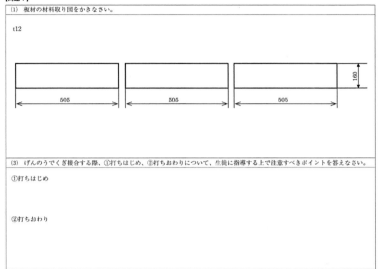

(1) 板材の材料取り図をかきなさい。

t12

505　　505　　505

160

(3) げんのうでくぎ接合する際、①打ちはじめ、②打ちおわりについて、生徒に指導する上で注意すべきポイントを答えなさい。

①打ちはじめ

②打ちおわり

【課題2】

(1) 　フルカラーLED(RGBカソードコモン)の3色のLEDの内，2色を光らせることで混色させ，スイッチを入れるとLEDが黄色に点灯する回路1を製作しなさい。

　　材料は封筒の中に入っているもののみを使用し，回路1と別紙，見本のブレッドボードに組んである基本回路を参考にして，

　　次の表1に示された実験使用部品を基板に適切にはんだ付けして実装しなさい。ただし，工具は以下のとおりとする。

工具…はんだごて，こて台，はんだ吸い取り線，ニッパ，ラジオ
　　　ペンチ，テーブルタップ，アナログ式回路計，LEDチェッ
　　　カー

　　フルカラーLEDのそれぞれの端子の色はLEDチェッカーで調べること。定格電流は20mAとする。

記号	部品名	数量
R1・R2	抵抗器 100 Ωまたは 330 Ω	各2
R3	半固定抵抗器	1
LED	フルカラー LED	1
	ユニバーサル基板	1
	電池ボックス（単三×2本用・スイッチ付）	1
	単三乾電池	2
	はんだ	1

表1　実験使用部品

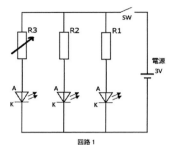

回路1

色	黒	茶	赤	橙	黄	緑	青	紫	灰	白	金	銀	桃
有効数字	0	1	2	3	4	5	6	7	8	9	–	–	–
位	10^0	10^1	10^2	10^3	10^4	10^5	10^6	10^7	10^8	10^9	10^{-1}	10^{-2}	10^{-3}
許容差	–	1	2	0.05	0.02	0.5	0.25	0.1	0.01		–	5	10	–

抵抗器カラーコード表

(2) R1・R2の抵抗の値は，どちらも同じ値である。フルカラーLEDの定格電流を考慮して，R1・R2の抵抗の値を計算し，100 Ωまたは330 Ωのどちらが適切か選び，解答用紙に答えなさい。

(3) ブレッドボードの基本回路を参考にし，フルカラーLEDを黄色に光らせるために必要な2色を解答用紙に答えなさい。

〈別紙〉

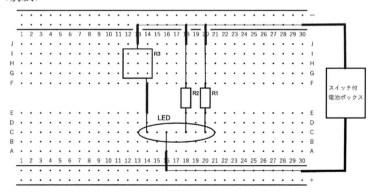

〈解答用紙〉

【問題2】

(2) 定格電流を考慮して、R1・R2の抵抗の値を計算し、100 Ωまたは 330 Ωのどちらが適切か答えなさい。
〈計算〉
適切な抵抗器　　　　　　　　　 Ω
(3) ブレッドボードの基本回路を参考にし、フルカラー LED を黄色に光らせるために必要な2色を答えなさい。
黄色に光らせるには　　　　　 色 と 　　　色

〈携行品〉

　作業ができる服装

※工具はすべて当方で準備する。

▼中学家庭　60分

【課題1】

□与えられた布，材料を使い，出来上がりイメージ図のような巾着式
　ショルダーバッグを製作しなさい。ただし，部分に合わせて次のa ～
　dの縫い方をすべて取り入れるものとする。

　a　なみ縫い　　　　b　まつり縫い　　　　c　半返し縫い

　d　本返し縫い

〈条件〉

①　a～dの縫い方を全て取り入れること。

②　飾りボタンをつけること。

③　制限時間60分間(課題2の記述も含む)以内に製作すること。

④　問題及び与えられた材料等は，すべて封筒に入れて提出すること。

⑤　作品は，制限時間終了時点の状態で提出すること。

〈材料および道具〉

　無地布(36cm× 22 cm)…1枚

　※布は，ロックミシン処理済み。

　ボタン　1個

15

丸ひも(80 cm)1本
平ひも(7 cm)1本
ビニール管　1個
ひも通し

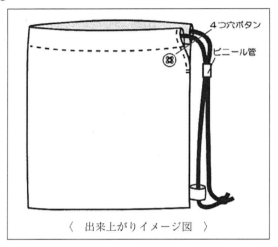

〈　出来上がりイメージ図　〉

【課題2】
□まつり縫いの方法を生徒に指導することになった。全生徒に，正し
　いまつり縫いをさせるためにどんな工夫をするか，答えなさい。
〈携行品〉
　裁縫道具〔縫針，待ち針，カタン糸(黒60 番)，糸切りばさみ，定規
(30cm程度)，チャコペン

▼高校英語
【課題】
□英語を用いたコミュニケーションに関する技能・実技試験(指導のポ
　イントに関する説明を含む)

▼高校音楽

【課題1】

□弾き歌い

・次の3曲の中から1曲を選び，1番のみ原語でピアノ伴奏をつけて
　弾き歌う。(調性は自由)

① 　Caro mio ben(G.ジョルダーニ)

② 　Heidenröslein(F.シューベルト)

③ 　この道(山田耕筰)

※演奏前に，授業を想定して，その曲の指導のポイントを用紙にまと
　めて説明する。

〈用紙〉

　弾き歌いの実技試験として選択した1曲について、「音楽Ⅰ」の授業で生徒に指導するポイントを以下に書きなさい。ただし、
指導事項として以下の内容をふまえて書きなさい。また、必要であれば 別紙 楽譜の小節番号と歌詞を使って説明すること。

| ○曲想と音楽の構造や歌詞、文化的・歴史的背景との関わり |
| ○曲にふさわしい発声、言葉の発音、身体の使い方などの技能 |

選択した曲 (いずれかに○)	Caro mio ben（G.ジョルダーニ作曲）　　Heidenröslein（F.シューベルト作曲）　　この道（山田耕筰作曲）
(指導する際のポイント)	

17

【課題2】

□独唱または独奏

・声楽，ピアノ，管弦打楽器，和楽器のいずれかで「ふるさと」(岡野

18

貞一作曲)及び任意の曲を歌う又は演奏する。

※「ふるさと」は1番のみ演奏する。調性は自由とする。

※打楽器はマリンバに限る。和楽器は箏，三味線，篠笛，尺八に限る。

〈携行品〉

各自が演奏する楽器及び楽譜(ピアノ，マリンバ(4オクターブ)は当方で準備する)

▼高校美術

【課題】

□表現及び鑑賞に関する技能・実技試験(指導のポイントに関する説明を含む)

〈携行品〉

鉛筆素描用具一式(カルトン，画用紙は当方で準備する。)

▼高校書道

【課題1】

□次の漢字の古典作品(一)，(二)，(三)を別紙(用紙A使用，縦づかい)に臨書しなさい。

(一)　　　　　　(二)　　　　　　(三)

【課題2】

□次の古筆を別紙(用紙B使用)に体裁よく臨書しなさい。

【課題3】

□次の二字「健太」を枠内の篆書体を参考に,「印稿」として別紙(用紙C使用,縦づかい)に一つにまとめなさい。

なお，朱文・白文印稿どちらでも可とする。いずれの場合も，文字の部分を墨で書き入れ，右下の枠の中に，朱文・白文のどちらを想定して制作したかを鉛筆で記載すること。

20

	健	太
小篆		
印篆		
金文		

【課題4】

□次の各問いに答えなさい。

(一)　次の七言の二句を別紙(用紙D使用，縦づかい)に各自の得意とする形(書体・表現)で創作しなさい。

　　(作品には落款「隆二書」として入れ，押印すべきところに赤サインペンで印の形を書き入れなさい。)

(二)　制作した作品の意図を記入しなさい。

春風一夜到衡陽　楚水燕山萬里長

21

【課題5】

□次の各問いに答えなさい。

(一)　次の言葉を「漢字仮名交じりの書」作品として別紙(用紙Ｅ使用，縦横自由，半分のサイズに切ってもよい)に創作しなさい。

　　(作品には落款「帆乃花かく」として入れ，押印すべきところに赤サインペンで印の形を書き入れなさい。)

(二)　制作した作品の意図を記入しなさい。

(三)　(一)の内容を高等学校芸術科書道「書道Ⅰ」の授業で指導すると想定し，指導する時期を決めた上で，指導過程と指導する際のポイントを，記入しなさい。

星一つ命燃えつつ流れけり

〈携行品〉

　硯，墨(すってきてもよい)，筆(大，小，仮名用)，下敷，半紙，条幅作品用(全紙)，文鎮，赤サインペン，鉛筆，画仙紙を切ることのできるナイフ等

▼高校保体

【課題】

□体つくり運動，器械運動(マット運動)，球技(バレーボール)及びダンスに関する技能・実技試験(指導のポイントに関する説明を含む)

〈携行品〉

運動のできる服装，体育館シューズ，筆記用具
※体育館シューズは，試験会場用の上履きとは別に準備すること。

▼高校家庭　80分
【課題】
□被服に関する技能・実技試験(指導のポイントに関する説明を含む)
〈携行品〉
　手縫い針，裁ちばさみ，チャコペンシル，カタン糸60番，糸切りばさみ，ものさし，チャコペーパー，ルレット

◆集団面接　2次試験
※集団面接はグループワークを含む。
〈評価の観点〉
○柔軟な発想(理解力，判断力，表現力)
○適切な対応力(課題分析，論理的思考，実行力)
○主体的な行動(チャレンジ精神・行動力，責任感，熱意)
○協調的な行動(適応力，協調性，対人関係構築力)
○豊かな教養(幅広い知識，現代的な諸問題に対する課題意識，地域社会に貢献することに対する自覚)
▼全校種
【グループワークテーマ】
□タイムマシンに乗り，一度だけ過去と現在を往復できることになった。いつの時代のどこへ行き，何をするのか，それぞれがアイデアを出し合い，最終的にグループで一つのアイデアにまとめてください。
□人類が宇宙に移住したとき，誰もが楽しめる新しいスポーツを行うことになった。そのスポーツについて，それぞれがアイデアを出し合い，最終的にグループで一つのアイデアにまとめてください。
□「驚きの家電」が発売され，世界的ヒット商品となった。この家電

についてそれぞれが家電の概要とキャッチコピーを考え，最終的に
グループで一つのアイデアにまとめてください。

□30年後の，小学生の「なりたい職業ランキング」1位は何か。それ
ぞれがアイデアを出し合い，最終的にグループで一つのアイデアに
まとめてください。なお，「職業」は現在実在しないものでも構い
ません。

□食料品の値上げを受け，「○○みたいな△△」という比較的安価な
新しい食料品を開発することになった。その食料品についてそれぞ
れがアイデアを出し合い，最終的にグループで一つのアイデアにま
とめてください。

□110番は警察機関，119番は消防機関につながるように，3桁の番号
ですぐにつながると便利な機関を設定することになった。それぞれ
がアイデアを出し合い，その根拠とともに最終的にグループで一つ
のアイデアにまとめてください。

□30年後，日本は○○化した。○○に入るワードについて，それぞれ
がアイデアを出し合い，最終的にグループで一つのアイデアにまと
めてください。

□コロナ禍の経験から学んだことを，新たに創り出したことわざ又は
四字熟語で残したい。それぞれがアイデアを出し合い，最終的にグ
ループで一つのアイデアにまとめてください。

〈グループワーク留意事項〉

・グループ内で発言する際は，周囲にいる面接官にも聞こえる声で発
　言してください。

・時間は，課題を読み各自で考える時間を3分，話し合い検討する時
　間を17分とします。

(3人グループの場合：考える時間を3分，話し合い検討する時間を12分
とします。)

・時間は面接官が計測し，受験者に伝えます。

(3分経過，18分経過，20分経過後，話し合いを終わってください。)

(3人グループの場合：3分経過，13分経過，15分経過後，話し合いを終

わってください。)

・進行役等は特に指定しません。

・下のメモ欄は，アイデアをまとめるため等に活用してください。

・この用紙は，集団面接終了後，回収します。

・質問は受け付けません。

▼小学校　面接官3人　受験者4人　45分

【グループワークテーマ】

□タイムマシンで現在から過去に行けるならいつの時代のどこに何を
しに行くか。

【グループワーク質問内容】

□集団討論を行ってみた感想。

□あなたの長所は何か。それが討論の中でどう生かされたか。

□この集団討論がうまくいった要因は何か。

〈座席配置図〉

▼小学校　面接官3人　受験者3人　30分

【グループワークテーマ】

□食料品が高騰していることを踏まえ，安価で簡単に作れるものを使
い，「○○みたいな△△」という食料品を新しく考え，グループで1
つの意見にまとめなさい。

【グループワーク質問内容】

□課題を初めて見たときの率直な感想は。

□(受験生1人ずつ別の質問)メモの段階で2つの意見が書かれていて，1

　つの意見は初めの段階で述べたのに対して，残りの1つの意見を話
　の終盤まで述べなかった理由は。
□討論の中で出た意見，出ていないが今思い付いた意見どちらでも良
　いが，それらの新しく開発する食料品はどのような人を対象に考え
　ているか。
□新しいものを開発する上で1番重要であると思うことは何か。
□話し合いの中で，グループの人の良いと感じた所は。
・回答は挙手制であるので，積極性をアピールするのであれば他の受
　験生よりも早く手を挙げると良いと思う。また，質問の中には他の
　グループの人の良い所に関する質問もあったので，討論の中でそれ
　ぞれの人の良さを見つけておくことも大切であると思う。

▼中学社会　面接官3人　受験3人　45分
【グループワークテーマ】
□119の消防機関や110の警察機関のような3桁の電話番号でかけると
　すぐつながる新しい機関について，それぞれがアイデアを出し合い，
　最終的にグループで一つのアイデアにまとめてください。
・はじめに3分間個人で考える時間がある。その後17分間話し合う。
【グループワーク質問内容】
□今回の話し合いはどうだったか。
□今回のお題を見た瞬間，どう思ったか。
□話し合いの中であなたはどのような役割を担ったか。また，どのよ
　うなことを意識して話し合いを進めたか。
□他の人の意見を聞いて感心した内容はあるか。
□今回の話し合いで自分に点数をつけるとすれば100点中何点か，ま
　たその理由は。
□話し合いのなかでは言えなかったが，頭の中で考えていた内容はあ
　るか。

▼養護教諭　面接官3人　受験3人　45分

【グループワークテーマ】

□30年後，日本は○○化した。○○に入る言葉についてアイデアを出し合い，一つにまとめよ。

【グループワーク質問内容】

□グループワークを終えて，自身の点数は何点か。またその理由は。

□鳥取県であると，(最終的な意見がボーダーレス化に固まったため，)ボーダーレス化の中で，どんなことがボーダーレスになるだろうか。

□そのボーダーレスが起きることのデメリットは。

・グループワーク中は，お互いを番号で呼び合う。

・入室前に，受験者同士で少しコミュニケーションをとり，仲間意識を高めることが大切。

・発表の時間はない。

・校種はバラバラであった。

▼養護教諭　面接官3人　受験者4人　40分

【グループワークテーマ】

□コロナ禍での学びをことわざ又は四字熟語で表しなさい。

・3分個人で考えたあと，17分討論を行う。

【グループワーク質問内容】

□今のグループワークは何点か。

□コロナ禍で得られたプラスのことは何だと思うか。

　　→そのプラスの変化を地域で活かすとしたら，どんなことを活かしていくか。

□(教育から離れて)関心のあるニュースは。

□変化の激しい時代，どんな子どもに育てたいか。

◆個人面接　2次試験　面接官3人　30分

※場面指導は個人面接に含まれる。

〈評価の観点〉

○教科等に関する専門性(教育課程の編成等に関する理解・学習指導法等に関する理解・ICT活用の意義に関する理解)

○児童生徒理解・指導(学習集団形成に関する理解・生徒指導，教育相談に関する理解及び実行力，特別な配慮を必要とする児童生徒への指導に関する理解)

○実践的指導力・教育的愛情(課題分析等を含めた分かりやすい説明・論理的思考かつ納得感のある説明・やる気を持たせる説明)

○学校組織の一員としての自覚(学校教育の社会的，制度的，法的，経営的理解・集団で業務を遂行する際の適切な行動・鳥取県の教員としての誇り)

○人権意識・バランス感覚(よりよい社会の実現をめざして行動しようとする態度・多様性に対する肯定的な意識，態度・社会人としてふさわしい態度，身だしなみ)

▼小学校　面接官3人　30分(場面指導3分を含む)

【場面指導】

□児童がICTを使って他の児童の容姿をからかう遊びをしていた。クラスの児童もそれを容認し，楽しんでいる雰囲気であった。クラス全体でどのように指導するか。

【質問内容】

□併願はしているか。

□小学校の教員になろうと思った理由。

□褒めるところのない児童にはどうするか。

□友人関係でトラブルになったことはあるか。

□公共交通機関の中で電話をすることはあるか。

□インクルーシブ教育をどのように実現するか。

□発達障害がある子どもにどのように対応するか。

　→具体的な発達障害のある児童に出会ったことはあるか。

□どのような学級づくりを目指すか。

□道徳の授業でどのようなことを意識するか。

□教員を目指したきっかけは。

□今の子どもの良さと課題は何か。

□緊張したときはどんな時か。

　　→どのように対策しているか。

□いじめられている児童がいたときにどのように対応するか。

　　→加害者側の児童の保護者に被害者の児童の側にも非があったので
　　　はないかと言われた時どのように対応するか。

□子どもに必要な力は何か。

　　→具体的にその力をどのように身に付けさせるか。

□あなたの良さは何か。

　　→どのように学級経営に活かせるか。

□クラスになじめない子がいた時にどうするか。

　　→実習先などでなじめない子に出会ったことはあるか。

　　→どのように支援したか。

▼小学校　面接官3人　30分

【場面指導】

□あなたが勤務する学校では，子どもたちは毎日タブレット端末を家
　に持ち帰り学習のために利用するように指示されている。しかし，
　実際にはYouTubeなどの動画を見るために使われ，学習のために使
　われていないことが分かった。保護者の方からもタブレット端末を
　家に持ち帰らせないでほしいという声があがっている。あなたは学
　級担任として学級の子どもたちにどのように指導するか。なお，指
　導の対象学年は自由に設定して良い。

・対象学年が自由に設定できるが，設定した対象学年に対する指導方
　法や話し方であるのかなどしっかりと考える必要がある。

・構想時間は3分間であるため，あらかじめどのような流れで指導す
　るか，場面ごと(個人への指導，学級への指導，保護者対応など)に

29

形式を決めておけば良いと思う。実演は約2分間であるため，途中で終わっても良い。

【質問内容】

□場面指導が途中であるが，この後はどのように指導する予定か。

□子どもたちのタブレット端末の使い方が改善されたかどうかはどのように確認するか。

□志願書の記載内容の確認(大学での単位の取得状況，教員免許の取得状況など)。

□鳥取にはどのような接点があり志願したのか。

□中・高の理科の免許も取得予定であるが，小学校の教員を志望する理由は。

□ボランティア活動の具体的な内容は。

□4月から学校現場に出られるが，他の先生方とどのように信頼関係を築くか。

□子ども同士の信頼関係を築くためには，教員はどのような支援ができると思うか。

□子ども同士のやり取りの中では喧嘩が起こる場面もあるが，どのように対応するか。

□喧嘩によって怪我をしてしまった児童がいた場合にはどのように対応するか。

□これまで1人暮らしの経験はあるか(「ない」と回答)。

　→何か不安はあるか(「直接相談できる相手が身近にいないこと」と回答)。

　→働いていて何か困りごとや辛いことがあった場合には誰に相談するか。

□子ども同士のやり取りを行いながら，学力をどのように身に付けていこうと思うか。

□ICTの活用方法にはどのようなものがあると思うか。

□教育実習の中で一番頑張ったと思う所ともう少し頑張れば良かったと思う所を1つずつ挙げよ。

→特に児童との関わりにおけるどの時間を頑張ったのか。

□ボランティア活動で児童と関わる上で大切にしていることは。

　　→そのようなことを意識することで，その児童にとってプラスになったと感じた場面はあったか。

□中・高の理科の免許も取得予定ということだが，(理科)専科をやってみたいなどの思いや考えはあるか。

▼中学社会　面接官3人　30分

【場面指導】

□職員会議で，運動会の練習は一日一時間までにするということが決まった。しかし，生徒は「優勝したいので全学年放課後練習をさせてほしい」「リレーのバトンの練習をしたいが，時間が全然足りない」と伝えてきた。あなたは学級担任としてどのようなことを伝えるか。

・面接官を生徒と想定して行う。

・最初に課題文を読み上げた後，対象学年とどのタイミングで指導を行うか(朝の会，帰りの会など)を自分で設定して場面指導を始める。

【質問内容】

□免許は取得できそうか。

□ほかに受験している県や自治体はあるか。

□場面指導はどうだったか。

　　→今の指導で生徒を納得させることができそうか。

　　→なぜそう思うのか。

□教員を目指した理由やきっかけはあるか。

□中学校社会科の教員を志望した理由は何か。

□前の質問で，先ほど行った場面指導では「生徒を納得させることができない」とおっしゃっていたが，どのようにすれば生徒を納得させられそうか。

□社会科のおもしろさとは何か。

　　→そのおもしろさを伝えるための手立てにはどのようなものがある

　か。

□社会科でどのようにICTを活用していくか。

□担任するクラスや授業を受け持つクラスの中に支援が必要な生徒が
　いたとき，どのような対応をするか。

□不登校を未然に防ぐにはどうすればよいか。また，不登校になった
　生徒がいた場合どのように対応するか。

□生徒の中には斜に構えた生徒もいると思うが，斜に構えてしまう要
　因は何だと思うか。

　→そのような生徒にどのように対応していくか。

　→それでも反抗してきたらどう対応するか。

□「アンテナを高くする」とよく言われるが，具体的にどういうこと
　だと思うか。

□どのような教師になりたいか。

□あなたの理想の学級像は。

□鳥取県の教育の特色はどのようなものか。

▼養護教諭　面接官3人　30分

【場面指導】

□去年の健康診断の結果に比べて今年は齲歯の増加が気になった。ど
　のように指導するか。

・対象学年は自分で設定する。

・構想時間3分，実演時間1分。

【質問内容】

□先程の場面指導ではどのような点を意識したか。

□あと2つ子どもたちに伝えるとすれば何を言いたかったか。

□鳥取県を志望した理。

□これまでの人生で影響を与えてくれた人はどんな人か。

□併願先はあるか。

　→どちらも合格したらどうするか。

□30℃を超えるグラウンドで体育をしている際，熱中症の生徒が複数

名来室した場合どうするか。

□軽度と判断する目安は何か。

□汗を拭くのは濡れたタオルか，乾いたタオルのどちらで指導するか。

□「大人がやっているからいいじゃん」と服装・ピアスが規則を超えている生徒がいた場合どうするか。

□最近のニュースで，人としてのなりを感じたものはあるか。

□人と関わるとき何を大切にしているか。

□現代の健康課題は何か。3つ答えよ。

　　→その3つに対してどう対応するか。

□教職員とのコミュニケーションで意識することは何か。

□保健室経営計画を立てたことはあるか。

□養護教諭として誹謗中傷をどのように指導するか。

□なぜ小学校教諭ではなく，養護教諭を志望するのか。

▼養護教諭　面接官3人　30分

【場面指導】

□歯垢の状況2，歯肉の状況2の児童が増えた。歯と口の健康について，学年全体に話をしてください。

・校種，学年は自由に設定できる。

【質問内容】

□鳥取県の志望理由。

□他にどこの自治体を受けてるか，合格状況は。

□あなたの捉えている子どもたちの健康課題を3つ教えて(生活習慣の乱れ，視力の低下，睡眠時間と答えた)。

　　→規則正しい生活習慣はどう考えるか。

　　→生活習慣を正す方法は。

　　→視力低下の原因は。

　　→睡眠時間，小1なら何時間が理想か，またその理由は。

□熱中症とは。

　　→冷やす場所・方法は。

　　→熱中症疑い3人来室したときの優先順位つけ方。

　　→熱中症の1度2度3度について説明せよ。

　　→熱中症の対応，手順。

　　→熱中症症状があるのに，大丈夫大丈夫，と出て行こうとする子ど
　　　もに対して，病院に連れて行くか。

□いい出会いについて。

　　→子ども以外のいい出会いは。

□鳥取県を訪れてどうか。

□鳥取県で実際に勤務されるとなった場合，知り合いもいない新しい
　　場所だがどうか。

□大学時代，子ども以外でも思い出。

□保健室を閉めてと管理職から言われたらどう対応するか。

2023年度 | 面接実施問題

◆適性検査　1次試験

　▼全校種

【検査内容】

　・SPI試験のような言語，推論，非言語の大問3つから構成された問題
　　と，自分の性格に合うほうを選択式で回答する問題。

　・時間制限があり，問題数も多い。

◆実技試験　2次試験

　▼小学校・中学校・特別支援・養護

【ICT活用】　受験者6人　20分

□WindowsPC，Chromebook又はiPadのいずれかを選択し，「Google
　Workspace」のアプリ(「ドキュメント」，「スライド」，「Jamboard」，
　「Classroom」，「Forms」，「Meet」，「サイト」)のいくつかを用いて，基
　本的な操作に関する技能・実技試験を行う。

※会場に設置してある端末を使用する。

【課題】

1　Classroomの立ち上げ(教室を作る)(先生用メアドは問題用紙にある)

2　Classroomのメンバーに生徒を招待する(生徒用メアドは問題用紙に
　ある)

3　ドキュメントで作成した資料をClassroomの授業で配信する

4　MeetのIDやパスワードをClassroomのストリームに掲示する

5　Formsでアンケートを作成し，Classroomのストリームに掲示する

※時計はないが，残り10分，3分のときに試験官より報告あり。

▼中学英語

【課題】

□英語を用いたコミュニケーションに関する技能・実技試験(指導のポイントに関する説明を含む)

〈流れ〉

8枚のカードを1枚選んで，書いてあるお題について30秒で考える

→英文のお題を音読

→7分スピーチ

→ネイティブから内容に関する質問(2，3問)

※お題の1つは "What do you want students to be able to through learning English ?"

▼中学音楽

【課題1】

□弾き歌い

中学校の歌唱共通教材の中から，当日指定した曲をピアノ伴奏をつけて弾き歌う。

※演奏前に，授業を想定して，その曲の指導のポイントを説明する。

【課題2】

□ピアノ・管・弦・打(マリンバに限る)楽器のいずれかで任意の曲を演奏

【課題3】

□和楽器(箏，三味線，篠笛，尺八に限る)で任意の曲を演奏

※携行品…各自が演奏する管・弦・打・和楽器及び楽譜(暗譜も可)

※箏については，当方で準備したものを使用してもよい。その際，立奏台は当方で準備する。

▼中学美術　90分

【課題】

□「鳥取県の魅力を伝えるペットボトルのデザイン」(パッケージデザ

イン)を考えなさい。

※共通の素材(味)は「梨」。その他デザインに何を組み込むかは自由と
　する。

〈制作についての注意事項〉

・使用してもよい用具は，実地要項に記載している携行品のみとする。

・裏面の左下に，制作した作品の解説(工夫した点・商品アピール等)
　を記入すること。

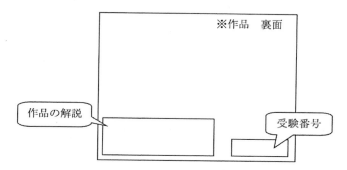

〈指導のポイントに関する説明〉

　中学校3年生にパッケージデザインの制作を指導する際のポイント
を書きなさい。

※携行品…鉛筆素描用具一式，色鉛筆12色以上，定規(30cm程度)

▼中学保体

【課題】

□体つくり運動，器械運動(マット運動)，球技(バレーボール)及びダン
　スに関する技能・実技試験(指導のポイントに関する説明を含む)

※携行品…運動のできる服装，体育館シューズ，筆記用具

※体育館シューズは，試験会場用の上履きとは別に準備すること。

▼中学技術　100分

【課題1】

□次の図の製品を，板版(15mm×220mm×1210mm)を使って製作する。
以下の(1)〜(3)の各問いに答えなさい。

図

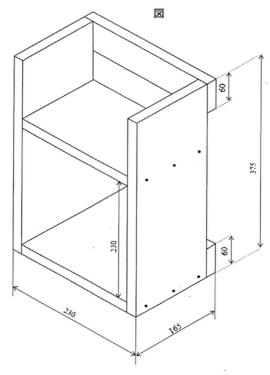

(1)　解答用紙に材料取り図をかきなさい(ただし，縮尺は自由，大ま
かな寸法を記入すること。フリーハンドでもよい)。

(2)　さしがね，両刃のこぎり，かんな，ドレッサ，四つ目ぎり，げん
のう，接着剤，紙やすり，くぎ抜きを使用して製作しなさい。なお，
接合には，くぎを使用すること。また，必要に応じて滑り止め，ク
ランプ，木片，雑巾を使用してもよい。

(3)　材料を切断する際，①切りはじめ，②切り終わりの動作で注意す
べきポイントを書きなさい。

【課題2】

□電解コンデンサに充電された電気で発光ダイオード(LED)を点灯させる回路1を完成させなさい。材料は封筒の中に入っているもののみを使用し，次の表1に示された各部品を基板に適切にはんだ付けして実装しなさい。ただし，工具は以下の通りとする。

記号	部品名	数量
TR	トランジスタ 2SC1815	1
R1	抵抗器 100 Ω	1
R2	抵抗器 18K Ω	1
C	電解コンデンサ 100μF	1
LED	発光ダイオード (LED)	1
SW	スイッチ（リード線から作る）	1
	プリント基板	1
	電池ホルダー（単三×2本用・スイッチ付）	1
	単三乾電池2本	1
	はんだ	1

表1 実験使用部品

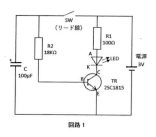

回路1

色	黒	茶	赤	橙	黄	緑	青	紫	灰	白	金	銀	桃
有効数字	0	1	2	3	4	5	6	7	8	9	−	−	−
位	10^0	10^1	10^2	10^3	10^4	10^5	10^6	10^7	10^8	10^9	10^{-1}	10^{-2}	10^{-3}
許容差	−	1	2	0.05	0.02	0.5	0.25	0.1	0.01		5	10	

表2 抵抗器カラーコード表

〈工具〉

　はんだごて，こて台，はんだ吸い取り線，ニッパ，ラジオペンチ，テーブルクロス，アナログ式回路計

※携行品…作業ができる服装

※工具はすべて当方で準備する。

▼中学家庭　60分

【課題1】

□次の①〜⑧の指示に従い，ティッシュケースカバーを製作しなさい。

〈材料〉

無地布(カット済)　　1枚

柄布(カット済)　　　1枚

スナップ　　　　　　1個

　　ボタン　　　　　　　１個

　　※縫い代の処理(かかり縫い等)は省略して作成すること

① 　無地布と柄布の入れ口側に2cm幅で2本しるし線を書く。(図1)

② 　布地2枚を中表に合わせて，1辺だけを半返し縫いで縫う。取り口
　　は残す。(図2)

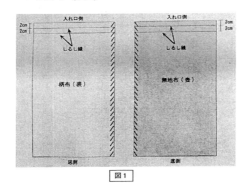

図1

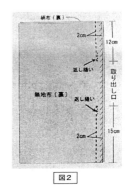

図2

③ 　②で縫った辺の縫い代を開きながら，アイロンでおさえる。(図3)

④ 　中表に合わせ，縦のもう1辺をなみ縫いで縫う。(図4)

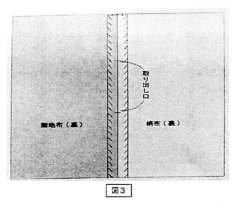

図3

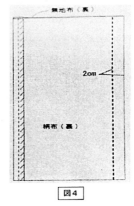

図4

⑤ 　④で縫った辺の縫い代を片返しにし，縦2辺の縫い目を合わせて，
　　底を本返しで縫う。(図5)

⑥　マチを作る。しるしをつけ，脇線とそこ縫い目の☆と☆，★と★を合わせてたたみ，本返し縫いで縫う。(図6)

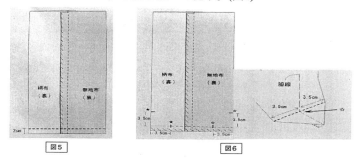

⑦　入れ口を縫う。しるし線を目安に三つ折りにし，まつり縫いする。(図7)

⑧　入れ口にスナップとボタンをつける。(図8)

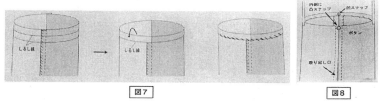

【課題2】

□まつり縫いを生徒に指導する際の指導ポイントを書きなさい(図を用いて説明しても構わない)。

※携行品…裁縫道具〔縫針，待ち針，カタン糸(黒60番)，裁ちばさみ，糸切りばさみ，定規(30cm程度)〕

▼高校英語

【課題】

□英語を用いたコミュニケーションに関する技能・実技試験(指導のポイントに関する説明を含む)

▼高校音楽

【課題1】

□聴音

　次の演奏を聴き，五線譜を書き取りなさい。主和音を1回弾き，1回目のみ1小節分カウントを入れてから演奏します。30秒の間を空けて5回繰り返します(五線譜には，各問いに合った調号・拍子記号を記入すること)。

B.dur（変ロ長調）　8分の6拍子　8小節　旋律

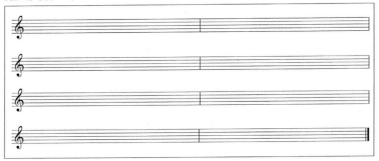

【課題2】

□弾き歌い

　次の3曲の中から1曲を選び，ピアノ伴奏をつけて弾き歌う(調性は自由)。

①　'O sole mio (E.ディ・カープア)

②　Heidenroslein (H.ヴェルナー)

③　浜辺の歌 (成田為三)

※演奏前に，授業を想定して，その曲の歌唱のポイントを説明する。

【課題3】

□課題2で選択した1曲について，「音楽Ⅰ」の授業で生徒に指導する際のポイントを書きなさい。ただし，指導事項として次の内容をふまえて書きなさい。また，必要であれば〈別紙〉楽譜の小節番号と歌詞を使って説明をすること。

・曲想と音楽の構造や歌詞，文化的・歴史的背景との関わり

・曲にふさわしい発声，言葉の発音，身体の使い方などの技能

〈別紙〉

【課題4】

□独唱又は独奏

　声楽，ピアノ，管弦打楽器，和楽器のいずれかで「ふるさと」(岡野貞一作曲)及び任意の曲を演奏する。

※「ふるさと」は1番のみ演奏する。調性は自由とする。

※打楽器はマリンバに限る。和楽器は箏，三味線，篠笛，尺八に限る。

※携行品…各自が演奏する楽器及び楽譜(ピアノ，マリンバ(4オクターブ)は当方で準備する)

▼高校美術

【課題1】

□美術Ⅰの授業において，次の課題内容で「鉛筆デッサン」を指導する。生徒が鉛筆で静物を描く際の基本的な制作工程①～⑤において，生徒に意識させる指導上のポイント(観察する点，描き方，用具の使い方など)をそれぞれ記述しなさい。

> 〈課題〉
> 静物デザイン(4時間／4モチーフ　りんご／ワイン瓶／レンガブロック／布)
> 〈使用する用具〉
> 鉛筆3B～3H，画用紙，スケール，消しゴム・練りゴム，ガーゼ

①構図を決める。

②おおまかに描き進める。

③明暗の差を意識する。

④質感を意識する。

⑤細部を描き込む。

⑥完成

※携行品…鉛筆素描用具一式(ただし，カルトン，画用紙は当方で準備
　する)

【課題2】

□次の条件にしたがい，「与えられたモチーフ(ビニール袋)を持つ片手」
　を観察し，画用紙に鉛筆で描写しなさい。

条件1：モチーフ(透明ビニール袋)を自分の片手で持つこと。

条件2：モチーフ(透明ビニール袋)は切断しないこと。

条件3：モチーフ(透明ビニール袋，自分の片手)のいずれも，大部分が
　　　　隠れる構成は行わないこと。

条件4：モチーフ(透明ビニール袋，自分の片手)以外は描かないこと。

〈支給材料〉

　　透明ビニール袋，四つ切画用紙(デッサン用)，カルトン，クリップ

〈注意事項〉

・用具は鉛筆，消し具，鉛筆削りおよび支給材料のみとし，それ以外
　のものの使用は認めない。

・画用紙は，縦，横のいずれかに使用してもよい。

※ただし，画面左下に受験番号を記入すること。

※出題に関する質問は，一切受け付けない。

▼高校保体

【課題】

□体つくり運動，器械運動(マット運動)，球技(バレーボール)及びダン
　スに関する技能・実技試験(指導のポイントに関する説明を含む)

※携行品…運動のできる服装，体育館シューズ，筆記用具

※体育館シューズは，試験会場用の上履きとは別に準備すること。

▼高校家庭　80分

【課題】

□ハーフパンツの後ろにポケットを縫いつける際，より取れにくく，
　よりほつれにくいよう縫いつけるポイントを解答用紙に図とともに

示しなさい。また，以下の①～⑦の指示に従い，布Aを使用してポケット部分を製作し，ハーフパンツの後ろ部分に見立てた布Bにより取れにくく，よりほつれにくいよう縫いつけなさい。ただし，糸は一本取りで縫いなさい。

① 　ポケットのできあがりが，縦，横ともに10cmとなるよう裁断・しるしつけを行うこと。

② 　縫い代は，ポケット口は3cm，その他は1cmとする。布のみを縫い代に使用しないこと。

③ 　手縫いによる縫製とする。

④ 　ポケット口は三つ折りにして，0.2cm程度の半返し縫いとする。

⑤ 　その他は縫い代をアイロンで折り，布Bに縫いつけなさい。0.4cm程度のなみ縫いとする。

⑥ 　ポケット口の中心部分にスナップをつけること。

⑦ 　布Bの下の部分を3cm以内の三つ折りにして，0.5cm程度の千鳥がけをする。

〈注意〉

・与えられた材料等は，すべて封筒に入れて提出すること。

・作品は，途中であっても試験時間終了時点の状態で提出すること。

※携行品…手縫い針，裁ちばさみ，チャコペンシル，カタン糸60番，糸切りばさみ，ものさし，チャコペーパー，ルレット

◆集団面接　2次試験

※集団面接はグループワークを含む。

〈評価の観点〉

○柔軟な発想(理解力，判断力，表現力)

○適切な対応力(課題分析，論理的思考，実行力)

○主体的な行動(チャレンジ精神・行動力，責任感，熱意)

○協調的な行動(適応力，協調性，対人関係構築力)

○豊かな教養(幅広い知識，現代的な諸問題に対する課題意識，地域社

会に貢献することに対する自覚)

▼全校種

【グループワークテーマ】

□1日の時間が24時間から30時間に伸びた。これにより需要が高まるサービスについて，それぞれがアイデアを出し合い，最終的にグループで一つのアイデアにまとめてください。

□2050年に中学生・高校生の間で流行しているソーシャルゲームについて，それぞれがアイデアを出し合い，最終的にグループで一つのアイデアにまとめてください。

□ペットの家族化が進む社会において，ペットを飼う人が働きやすい職場について，それぞれがアイデアを出し合い，最終的にグループで一つのアイデアにまとめてください。

□「未来の映画館」について，それぞれがアイデアを出し合い，最終的にグループで一つのアイデアにまとめてください。

□技術革新により，紙のように薄くすることで今までの生活を一変させることができるものについて，それぞれがアイデアを出し合い，最終的にグループで一つのアイデアにまとめてください。

□1回につき，1万円と高額であるが，大人気のガチャガチャについて，それぞれがアイデアを出し合い，最終的にグループで一つのアイデアにまとめてください。

□4年後の大学生の一人暮らしに，欠かすことのできないスマートフォンのアプリとは，どのようなアプリか，それぞれがアイデアを出し合い，最終的にグループで一つのアイデアにまとめてください。

□日本の首都を東京から移転させることになった。移転先をどこにするかについて，それぞれがアイデアを出し合い，最終的にグループで一つのアイデアにまとめてください。

□オリンピックで4位以下にもメダルを渡すことにした。何位まで渡すか，また，その色は何色かについて，それぞれがアイデアを出し合い，最終的にグループで一つのアイデアにまとめてください。

□「世界共通の新たなポイント制度」が誕生した。何によって貯める

　ことができ，何に利用することができるかについて，それぞれがア
イデアを出し合い，最終的にグループで一つのアイデアにまとめて
ください。

〈グループワーク留意事項〉

・集団面接(グループワーク)は，マスクを着用したまま行います。

・グループ内で発言する際は，周囲にいる面接官にも聞こえる声で発
　言してください。

・時間は，課題を読み各自で考える時間を3分，話し合い検討する時
　間を17分とします。

　(3人グループの場合：考える時間を3分，話し合い検討する時間を
　12分とします。)

・時間は面接官が計測し，受験者に伝えます。

(3分経過，18分経過，20分経過後，話合いを終わってください。)

(3人グループの場合：3分経過，13分経過，15分経過後，話合いを終わ
ってください。)

・進行役等は特に指定しません。

▼小学校　面接官3人　受験者3人　30分

【グループワークテーマ】

□1回1万円で大人気のガチャガチャをつくる。どのようなガチャガチ
　ャにするか。

【グループワーク質問内容】

□自己採点は，100点中何点か。

□このガチャの課題は何か

□どう宣言するか。

□このグループの強みと弱みは。

▼中学国語　面接官3人　受験者4人　40分

【グループワークテーマ】

□2050年，中高生に流行っているソーシャルゲームとはどんなものか。

【グループワーク質問内容】

□話し足りないことはあったか。

□ゲームの危険性を生徒にどう伝えるか。

□そのゲームはどうして今実現できていないのか。

□どういった指導をしていくか。

▼中学数学　面接官3人　受験者4人　45分

【グループワークテーマ】

□一日が48時間になった。どのような産業が活発になるか。

・司会を始めに決めるとスムーズに討論できると感じた。

▼中学理科　面接官3人　受験者4人　45分

【グループワークテーマ】

□2050年に中高生の間で流行するソーシャルゲームはどのようなものか。

・入室後，問題用紙を渡され，3分程度自分で文章を読み，考える時間が与えられる。

・20分間討論を行う(司会は自由)。

・最終的な答えを発表する。

【質問内容】

□子どもがそのゲームをすることになれば，何を伝えたいと思うか。

□2050年の世界および学校教育それぞれについて。

□最後20秒で伝えたいことはあるか(発言するかは自由)。

▼栄養教諭　面接官3人　受験者4人　45分

【グループワークテーマ】

□日本の首都を移転することになった。どこに移転するか。

・グループで意見をまとめる。

【質問内容】

□集団討論の感想，反省。

□鳥取という意見が出てこなかった。もし鳥取が首都になった場合の影響は。

□防災という意見が出た。防災というテーマで児童生徒にグループワークをさせる場合の留意点は。

・発言順は質問ごとに面接官が指定。

・受験者全員が必ず1回番目に発言を促された。

◆個人面接　2次試験　面接官3人　30分

※場面指導は個人面接に含まれる。

〈評価の観点〉

○教科等に関する専門性(教育課程の編成等に関する理解，学習指導法等に関する理解，情報教育機器の活用に関する理解)

○児童生徒理解・指導(学習集団形成に関する理解・生徒指導，教育相談に関する理解及び実行力，特別な配慮を必要とする児童生徒への指導に関する理解)

○実践的指導力・教育的愛情(課題分析等を含めた分かりやすい説明・論理的思考かつ納得感のある説明・やる気を持たせる説明)

○学校組織の一員としての自覚(学校教育の社会的・制度的・法的・経営的理解，集団で業務を遂行する際の適切な行動，鳥取県の教員としての誇り)

○人権意識・バランス感覚(よりよい社会の実現をめざして行動しようとする態度，多様性に対する肯定的な意識・態度，社会人としてふさわしい態度・身だしなみ)

▼小学校　面接官3人　30分

【場面指導】

□コロナの影響で今年も運動会の開催が午前中のみとなった。このことをクラスに伝えなさい。

　→一番大切にしようと意識したことは。

　→(1分半で終われなかったので)このあとどう締めるつもりだったか。

・試験官を児童として行う。
・初めに自分で決めた設定を伝える。
・室外で考える時間が3分間，指導1分半を行い，途中でも打ち切られる。
【質問内容】
□教員を目指したきっかけ。
□得意・苦手科目について。
□虫は触れるか。
□大規模・小規模の希望はあるか。
□ストレス発散法は。

▼中学国語　面接官3人　30分
【場面指導】
□隣のクラスの生徒が，担任の先生が嫌で学校に行きたくないと相談
　してきた。どうするか。
　→それでもまだ学校に行きたくないと言われたらどうするか。
・構想3分，入室後1分で指導。
【質問内容】
□鳥取県で教師になりたいと思った理由は。
□理想の教師像は。
　→その教師像に向けて普段から取り組んでいることは。
□最近感動したことは。
□気が合わない人との接し方はどうするか。
□GIGAスクール構想を国語でどう生かすのか。
□主体的・対話的で深い学びをどのように実践するか。
□アルバイトではどのようなことをしたのか。
□実習先はどこか。
　→実習での課題は。
□特別な支援が必要な生徒にどう指導するか。
□学級経営で大切にすることは。
□長所と短所について。

□部活を通じて人間関係の築き方をどう学び，どこに難しさを感じた
　か。

▼中学数学　面接官3人　35分
【場面指導】
□創立100周年に卒業生から贈られたペーパーウェイトがネットオー
　クションに売り出されていることが判明した。このことについて，
　学校全体に向けて指導をしなさい。
【質問内容】
□取得免許(予定)と取得日について。
□他の県は受験しているか。
□他の職は受験しているか。
□卒業はできるか。
□なぜ教員になりたいか(簡潔に)。
□なぜ中学校か。
□教員として継続して行いたいことは。
□いつから教員になりたいと思ったか。
□鳥取の子どもに何を育てたいか。
□実習は行ったか。
□コロナ禍で一番変わったことは。
□長所が生きた場面は。
□10年後を生きる子どもの何を育てたいか。
□担任を持ったらどんなクラス作りをしたいか。

▼中学理科　面接官3人　30分
【場面指導】
□あなたが担任しているクラスの隣の生徒から，「私の担任が嫌いで，
　話そうと思わない。あなたが担任だったらよかった」と言ってきた。
　あなた(自分)は，生徒にどのような声かけを行うか。学年を自分で
　設定して，実演しなさい。

・面接室に入る前に，問題文を読み，場面指導を考える時間が3分間
　与えられる。
【質問内容】
□鳥取県を志望した理由。
□兵庫県と鳥取県の教育方針や実態の違いについて。
　　→自分はどちらが向いているか。
　　→両方合格した場合，どうするか。
□ボランティア活動(自己PR等)について。
□ボランティア活動の意義を生徒に伝える指導について。
□教育実習で学んだこと。
　　→教育実習で行った授業の詳細。
□卒業研究のテーマ。
□生徒と話す際に，気をつけるべきこと。
□「怒る」と「叱る」の違いは。
□「主体的」と「自主的」の違いは。
□理科の授業における「主体的・対話的で深い学び」とは。
□教育的愛情とは。
□どのような学級にしたいか。
□不登校が発生する理由とその対策法。
□生徒をより理解する方法。
□鳥取県の教員になった場合，定年まで働き続けることが可能か。

▼中学英語　面接官3人　30分
【場面指導】
□あなたの隣のクラスの生徒が，相談に来た。「今の担任の先生がい
　やだ。先生のクラスがよかった。もう学校に来たくない」と言って
　きた。どう指導するか。
　　→今の自身の指導はどうでしたか。
【質問内容】
□なぜ鳥取県なのか。

□併願をしているが，小学校でもいいか。
□大学で頑張ったことは。
□これまでに経験した挫折について。
　　→どう対応したか。
□強みは。
□弱みは。
　　→どう改善するか。
□他の先生とどう連携をとっていくか。
□授業で大切にしたいことは。

▼栄養教諭　面接官3人　30分
【場面指導】
□健康診断で肥満度40％以上の児童(生徒)を抽出。保護者と児童(生徒)
　に対して個別的な相談指導を実施。なお，今回が初回の指導とする。
・校種や学年の設定は自由。
・テーマを読み上げてから，実演。座位のまま一人芝居。面接官の反
　応なし。
【質問内容】
□個別的な相談指導の実施にあたって，一番気をつけることは。
□今の学校で1年5か月働いてみた感想は。
□志望動機。
　　→(志望動機の中から)健康で幸せな子どもの育成とは，具体的に。
□とっとり県民の日の指導予定内容を簡潔に。
□食に関する指導のやりがいについて。
　　→子どもとのやりとりで具体的なエピソードがあれば。
□給食管理について。
□衛生管理(嘔吐した食器の処理，給食センターへの返却方法)につい
　て。
□ICTを活用して学校教育活動全体でやりたいことは。
□TTで栄養教諭が授業に参画する場合，担任の役割とは。

2022年度 面接実施問題

◆適性検査　1次試験

【検査内容】

□クレペリン

・自分の習慣等に関する事項を記入。

・時間制限がある。

・一般教養と同時検査される。

・適性検査は一般教養の試験用紙中に含まれている。

◆実技試験　2次試験

▼小学校教諭・特別支援学校

【音楽実技】

※2022年度の小学校教諭・特別支援学校の音楽実技は新型コロナウイルス感染症拡大防止対策を踏まえ，中止された。

【ICT活用】

□Windows PC，Chrome book，又はiPadのいずれかを選択し，「Google Workspace」の「ドキュメント」，「スライド」，「Google Classroom」，「Google Forms」のいくつかを用いて，基本的な操作に関する専門試験(技能・実技試験)を行う。

※会場に設置してある端末を使用する。

▼小学校

【課題】

□ICT活用

・使用タブレットはChrome book

・classroomの作成。

・児童の招待。

・課題づくり(遠足の感想文)。

　　→課題をclassroomで児童へ配信。

・試験官への質問禁止。

▼小学校

【課題】

□ICT活用

・試験会場はパソコンルームのような部屋。

・受験者3人に対して試験官が1人ずつ付き，全体の説明係1人が進行する。

・Chrome book，Windows，タブレットから1つ端末を選ぶ。

・初めに注意事項が書かれた紙を読み上げられ，「始めてください」の合図で課題用紙を裏返して操作開始。

・Googleアカウントにログインする(メールアドレス長め，パスワードは小文字，大文字，数字は含まれていた)。

・クラスルームを作成し「私は教師です」を選択。

　　→自分の受験番号のクラスを作成し児童のメールアドレスを打ち込み，クラスルームに招待する。

　　→試験官から「招待メール来ました」と言われたら次に進む。

・スライドを開き，指定されているレイアウトのスライドを作成する。

・スライドを児童が自由に編集できるように設定する。

・クラスルームに課題として出す。

・タイトルの変更も忘れないように。

・Google formを開く。タイトル「ペットにしたい動物は？」「イヌ」「ネコ」「インコ」をチェックボックス選択。

・質問を追加「その動物をペットにしたい理由は？」　段落の記述式を選択。

・クラスルームに貼り付けて「9月10日までにアンケートに答えてください」と注意書きをしておく。

・全員背中合わせに配置されていたため，他の受験者の進捗状況は分

からない。

▼小学校
【課題】
□ICT活用
・「Google Classroom」で児童のアカウントを招待したり，作ったクラスへ課題を投稿する。
・複数人が試験室に入り，個別に分かれた席に座る。1人1台の端末が渡される。

▼小学校
【課題】
□ICT活用
・25分で以下の操作を完了する。
・紙に書かれたGmailアドレスとパスワードで，Gmailにログインする。
・「Google Classroom」を開き，自分の受験番号でクラスを作成する。
・机上に貼られたGmailアドレスの児童をクラスに招待する。
　→招待メールがきちんと送信された場合は，「招待メールが届きました」と試験官から報告される。
・ドキュメントで「夏休みの思い出」というファイルを作成し，「Google Classroom」の課題で児童が編集できるように投稿する。
・Chrome book，Windows PCは，「各児童にコピーを作成」を選択して，投稿する。
・Google Formsで以下の質問を作成する。
　→アンケート名「好きな季節」
　→質問項目1「どの季節が好きか」「春・夏・秋・冬」をプルダウンの選択肢にして作成。
　→質問項目2「その季節が好きな理由」を記述式(段落)にして作成。
・作成したアンケートを「9月10日(金)までにアンケートに答えてください。」という文章とともにクラスのストリームで投稿する。

▼中学英語

【課題】

□英会話に関する技能・実技試験。

▼中学英語

【課題】

・机上に置いてある短冊形の英文の書かれた紙を1枚選ぶ。(取る前に内容は見えない)

・30秒間考え，1分間その答えをスピーチする(英文は質問が書かれている)

・面接官からもう1つ英語で質問がある。

・英語教育に関する自分の考えを英語で伝えられれば大丈夫だと思う。

▼中学音楽

【課題1】

□弾き歌い(中学校の歌唱共通教材の中から，当日指定した曲をピアノ伴奏をつけて弾き歌う。)

※ただし，歌はマスクを着用して歌う。

【課題2】

□ピアノ，管・弦・打(マリンバに限る)楽器のいずれかで任意の曲を演奏

【課題3】

□和楽器(箏，三味線，篠笛，尺八に限る)で任意の曲を演奏

※携行品…各自が演奏する管・弦・打・和楽器及び楽譜

(ピアノ，マリンバ(4オクターブ)は試験実施者側で準備する。箏については試験実施者側で準備するが，持ち込みも可とする。)

▼中学美術

【課題】

□表現に関する技能・実技試験を実施します。

※携行品…鉛筆素描用具一式，定規(30cm程度)，色鉛筆12色以上

58

▼中学保体
【課題】
□陸上競技，球技(バスケットボール)，武道(剣道)，ダンス
※携行品…運動着上下，運動靴(体育館用，屋外用)，水泳着，水泳帽，竹刀
※運動靴(体育館用)は，必ず試験会場用の上履きとは別に準備する。

▼中学技術
【課題】
□「材料と加工の技術」，「エネルギー変換の技術」に関する技能・実技試験を実施する。
※携行品…作業ができる服装，運動靴，定規

▼中学家庭
【課題】
□被服に関する技能・実技試験を実施する。
※携行品…裁縫道具〔縫針，待ち針，カタン糸(黒60番)，しつけ糸，指ぬき，裁ちばさみ，糸切りばさみ，ルレット，チャコ，布用複写紙(両面用)，ひも通し，定規(30cm程度)，工作用のはさみ〕

▼高校英語
【課題】
□「生徒の英語学習のモチベーションを上げるにはどうすればよいか」についてスピーチ
・受験者1人に対し面接官3人(1人ネイティブスピーカー)
・質問文(英語)が書かれた紙を読みあげ，1分のスピーチを行う(考える時間は30秒)。
・その後，内容についてネイティブスピーカーの面接官に2問程度質問をされる。

▼高校英語

【課題】

・控室で自分の受験時刻を知らされ，その5分前に試験会場前の椅子で待機するよう伝えられる。

・受験者1人，日本人試験官2人(1人はタイムキーパー)，ネイティブスピーカーの試験官1人。

・入室したら机上に裏返して置いてある短冊を表にし，その質問に対する答えを1分で考え，1分半で話して答える。質問は，「What do you want students to be able to do through learning English?」だった。

・2つ目の質問は即座に答える。ネイティブスピーカーの試験官から，「ALTと授業をするとき，どのようなことをするか。」と聞かれ，それに対してすぐ答えた。

▼高校音楽

【課題1】

□(1)弾き歌い　次の3曲の中から1曲を選び，ピアノ伴奏をつけて弾き歌う。

※ただし，歌はマスクを着用して歌う。

〈課題曲〉

①'O sole mio(E.ディ・カープア)　②Heidenröslein(H.ヴェルナー)　③浜辺の歌(成田為三)

※1番のみ原語で歌う。調性は自由とし，伴奏譜は指定しないので各自で用意する。

※演奏前に，授業を想定して，その曲の歌唱のポイントを説明する。

【課題2】

□(2)独唱または独奏・声楽，ピアノ，管弦打楽器，和楽器のいずれかで任意の曲を演奏する。

※打楽器はマリンバに限る。和楽器は箏，三味線，篠笛，尺八に限る。

※携行品…各自が演奏する楽器及び楽譜

※ピアノ，マリンバ(4オクターブ)は試験実施者側で準備する。

▼高校保体

【課題】

□陸上競技，球技(バスケットボール)，武道(剣道)，ダンス

※携行品…運動着上下，運動靴(体育館用，屋外用)，水泳着，水泳帽，竹刀

※運動靴(体育館用)は，必ず試験会場用の上履きとは別に準備する。

▼高校家庭

【課題】

□被服に関する技能・実技試験。

※携行品…裁縫道具〔縫針，待ち針，カタン糸(黒60番)，しつけ糸，指ぬき，裁ちばさみ，糸切りばさみ，ルレット，チャコ，布用複写紙(両面用)，ひも通し，定規(30cm程度)，工作用のはさみ〕

▼高校美術

【課題】

□美術に関する技能・実技試験。

※携行品…鉛筆素描用具一式(ただし，カルトン，画用紙は試験実施者側で準備する)

▼高校書道

【課題】

□美術に関する技能・実技試験。

※携行品…硯，墨(すってきてもよい)，筆(大，小，仮名用)，下敷〔半紙用，条幅作品用(全紙)〕，文鎮，赤サインペン，鉛筆

▼高校工業(機械)

※携行品…関数電卓(ポケットコンピュータは不可)

▼高校工業(電気)

※携行品…関数電卓(ポケットコンピュータは不可)

▼高校工業(建築・土木)
※携行品…関数電卓(ポケットコンピュータは不可)

▼高校商業
※携行品…電卓

▼高校水産(海洋)
※携行品…三角定規，デバイダー

◆集団面接　2次試験　面接官5人　受験者3～4人　40～45分
※集団面接はグループワークを含む。

評価の観点	評価の主な着眼点
柔軟な発想	・理解力 ・判断力 ・表現力
適切な対応力	・課題分析 ・論理的思考 ・実行力
主体的な行動	・チャレンジ精神・行動力 ・責任感 ・熱意
協調的な行動	・適応力 ・協調性 ・対人関係構築力
豊かな教養	・幅広い知識 ・現代的な諸問題に対する課題意識 ・地域社会に貢献することに対する自覚

▼小学校
【グループワークテーマ】

□新しい学校をつくるとき，どのような学級(設備や環境)をつくるか。
　アイデアを1つにまとめなさい。
・「1つに」の部分がなかなか忘れがちで，難しい。

▼小学校
【グループワークテーマ】
□夢のようなレストランで新たに提供されるサービスを考え，1つに
　まとめなさい。
・3分間各自でテーマについて考える。
　→15分間で話し合い。
　→机の体制を変えて集団面接を開始する。
・面接官は各机の間に置かれている椅子に座って受験者の話を聞いて
　いる。
・各机の前に立てかけられているシールドがある。
・試験はすべてマスクを着用したまま行う。
【質問内容】
□グループワークを終えての感想(成果と課題)。
□グループワークをするときに意識したことは。
□この発言は自信があるというものはあったか。また，その発言はこ
　れまでのどのような経験から得たものなのか。
□10年後，50年後，100年後のレストランにはどのようなものが取り
　入れられていると思うか。SDGsの目標を取り入れながら述べよ。
・面接官の1人がとても圧迫気味であった。「それはどういうこと？」，
　「いやいや，〜でしょう」，「なぜ10年後なの？」など発言の途中で
　割り込んでくる。

▼小学校
【グループワークテーマ】
□新しい学校をつくるとしたら，どんな教室にしたいか話し合いなさ
　い。

【質問内容】

□グループ討議中に気をつけたことは。

□夢のある学校をつくりたい。あなたならどんな学校にする。

□このグループ討議の課題は，あなたが予想していた範囲内か。それとも範囲外か。

□グループ討議を振り返って感想を。

・集団面接の発言順は指名制，挙手制の両方である。

▼小学校

【グループワークテーマ】

□大ヒットする，今までにない新しい缶詰を考えてください。

・入室後，離れて置かれた長机(パーテーションつき)に1人ずつ座り，3分間与えられるので，題を見て，構想を考える時間が与えられる。

・メモを取ることもできるが，その紙は回収され，持ち出しはできない。

・意見を1つにまとめるようにと最初に伝えられるが，おそらく上手く意見をまとめることよりも，どのようにグループでお互いの意見を聞き合い，考えをすり合わせていくかを見られていると思われる。

・グループワーク後はグループワークに関する質問をいくつかされて終了。

・試験官3人がそれぞれ2つずつ質問した。

・当日欠席者が多く，3人グループだったが，本来は4人グループである。

▼小学校

【グループワークテーマ】

□教室のデザインのアイデアを考え，最終的にグループで1つのアイデアにまとめよ。

【質問内容】

□グループワークの感想は。

□どのようなことを大切にしてデザインを考えたか。自分の経験とともに述べよ。

□色々な社会課題があると思うが，このデザインした教室は，どのような社会課題の解決に貢献できると思うか。

□子どもたちにこのグループワークをさせるとしたら，どんなめあてを設定するか。その理由は何か。

□地域貢献という視点を入れるとしたら,どのようなことができるか。

・3人の試験官から1人ずつ数問程度質問された。

▼中学英語

【グループワークテーマ】

□世界一安全な自転車

・1分間構想とメモをする時間がある。

・ユーモアのあるアイデアが好まれた。

▼中学理科

【グループワークテーマ】

□コロナ禍でイベントが中止となりお弁当が200個余ってしまった。廃棄せず，損をしないようにするにはどうするか。

【質問内容】

□グループワークを終えての感想。

□グループワークの課題に対する個人の答え。

□スクーリングを行う時に必要なデータ，データの活用法(コロナ禍の子どもたちの不安を軽減するためには)。

□教科の中で課題発見能力を養うためには。

□自分とは考えが異なる人と話す時に気をつけること。

▼高校英語

【グループワークテーマ】

□植物を巨大化できる遺伝子の活用方法を話し合い，アイデアをまと

めよ。

・1分考えグループで20分話し合う。その後内容について10分ほど質
　問された。

【質問内容】

□様々な意見の中で地球温暖化に焦点をあてることになったのはなぜ
　か。

□SDGsの取り組みをどうしたいか。

・質問内容はすべてグループワークで話したことに関することだっ
　た。

▼高校英語

【グループワークテーマ】

□植物を巨大化させる遺伝子の活用方法を討議し，グループで1つの
　意見にまとめなさい。(ただし食用は除く)

・最初に個人で考える時間が与えられ，その後集団討論に入った。

・1人ずつメモ用紙を渡されて，そこに自分の意見や話し合いの流れ
　をメモできるようになっていた。

・コロナ感染対策で，1人ずつの席の前にパーテーションがあった。
　席同士の間隔も広くとられていた。

【質問内容】

□集団討議の話し合いで気をつけたこと。

□自分の専門分野での話し合いで気をつけること。

□自分の専門分野以外の人がいる場合，話し合いで気をつけること。

□集団討議で出た意見に対し，どのような理由で賛同できたか。

□それぞれの意見の良かった点。

□タブレット利用に関する自分の意見。

・答える順番はバラバラで，その都度面接官から指定される。

▼高校工業

【グループワークテーマ】

□「We love 学校」という名前の学校をテーマとしたゲームアプリを開発することになった。どのようなアプリにするのか，話し合って1つの答えを出すように。

・集団面接の冒頭にグループワーク。

・課題について個人で3分間考え，その後15分間のグループワークを開始する。

　　→グループワークに関する質問を集団で15分間行う。

【質問内容】

□グループワークを行った率直な感想。

□他の人の意見を聞いて参考となったことはあるか。

□話し合いをする際に，自分の話で重点に置いていたことは何か，など計5問。

◆個人面接　2次試験　面接官3人　30分

※場面指導は個人面接に含まれる。

評価の観点	評価の主な着眼点
教科等に関する専門性	・教育課程の編成等に関する理解 ・学習指導法等に関する理解 ・情報教育機器の活用に関する理解
児童生徒理解・指導 （適切な対応力を含む）	・学習集団形成に関する理解 ・生徒指導，教育相談に関する理解及び実行力 ・特別な配慮を必要とする児童生徒への指導に関する理解
実践的指導力・教育的愛情 （適切な対応力を含む）	・課題分析等を含めた分かりやすい説明 ・論理的思考かつ納得感のある説明 ・やる気を持たせる説明
学級組織の一員としての自覚	・学校教育の社会的・制度的・法的・経営的理解 ・集団で業務を遂行する際の適切な行動 ・鳥取県の教員としての誇り
人権意識・バランス感覚	・よりよい社会の実現をめざして行動しようとする態度 ・多様性に対する肯定的な意識・態度 ・社会人としてふさわしい態度・身だしなみ

▼小学校

【場面指導課題】

□交通ルールを守る指導(交通事故に遭う小学生増加のため)。

・指導学年は自由に設定できる。

・制限時間の指示はない。

・場面指導の途中で切られた。

→指導の結果を述べよと指示される(他の受験者も同様に場面指導を中断され質問されたと聞いた)。

【質問内容】

□担任をしているか。

□鳥取県で講師を続けることも考えているか。

□放課後等デイサービスでの勤務経験で学校現場で生かせていることは何か。

□なぜ通信制の大学か。

□校務分掌は何か。

　→理科は大変ではないか。

・自己PR，教職希望理由は質問されなかった。

▼小学校

【場面指導課題】

□来月学級対抗大縄大会があるが，最近記録が伸びていない。1週間の練習で今まで通りに練習に取り組む児童とそうでない児童がいる。このことを踏まえてあなたが担任教師として何を話すか考えなさい。

・個人面接開始5分前に教室前に集合する。

・廊下に机と椅子が置いてあり，面接官が1人教室の中から出てきて受験票の確認後，場面指導の課題用紙が配布され，3分間場面指導で話すことをメモする。その間試験官は隣で監視している。その後入室し，座ったまま場面指導(1分半)。

・場面指導では最初に課題文を読み上げ，面接官を児童と見立てて話

をする(反応なし)。課題用紙回収して個人面接の流れ。

【質問内容】

☐鳥取県を志望した理由は。

　→少人数指導というのは何人をイメージしているのか。

　→35人でも少人数と言えるのか。

☐他の受験地は。

　→すべて受かったらどうするか。

　→(鳥取県の他，高知県を受験したことについて)他に高知県を受験した理由は。

☐保護者からクレームが来た時の対応。

☐免許の取得状況。

☐教育実習には行ったか。

　→何年生か。

　→何の授業を何時間行ったか。

　→教育実習の期間は。

　→成果と課題(授業のこと，教員の動きを見て)。

　→教育実習を通して自分が教員に向いていると思ったところ，課題だと感じたところは。

☐組織の一員としてどのように行動していきたいか。

☐「学校教育」と聞くとどのようなイメージがあるか。

☐スクールカウンセラーなどの仕事は見たことがあるか。

☐(出願の自己PR文を見て)どのようなボランティアに参加したのか。

　→ボランティアに参加して良かったなと思った出来事はあったか。

☐鳥取県の教育課題は。

☐教員を目指すきっかけは。

☐ICTの授業をやったことがあるか。

☐地域の方と連携していくためにはどうしたらいいか。知っていることがあればそれも踏まえて述べよ。

☐教員は忙しいが，それでも教師を目指すのか。

☐学級経営を行う上でその学年の担当になっても大切にしたいこと

は。
□教師のやりがいとは何だと思うか。
・会場となる教室と時間が1人1人違うので時間に余裕をもってテキパ
　キと行動すること(早すぎるといけないとされた)。
・会場は交通の便が悪いため，電車を逃したら次は1時間後になると
　いう事態が起きかねないので，電車の時刻をしっかりと調べておく
　必要がある。

▼小学校
【場面指導課題】
□県内で小学生が自転車事故にまきこまれた。それを子どもに指導す
　るように場面指導をしなさい。
【質問内容】
□志望理由
□子どもに集団行動を身につけさせるために気をつけることは何か。
　→なぜ集団行動ができないと思うか。
□(職場で)今，楽しいこと，難しいと感じることは何か。
□教師にとって，大切な資質とは何か。
□若手教員として職場に出たらどのように活躍したいか。
□学校教育であたりまえにあることだけど，一般的にはあたりまえで
　ないことは何だと思うか。

▼小学校
【場面指導課題】
□好き嫌いで給食を残す児童が多い，どう指導するか。
・入室前に場面指導の課題用紙を渡され，3分間構想を考える時間が
　ある。課題用紙にメモを取ることもできるが，課題用紙は回収され
　る。
・入室後最初に場面指導がある。面接官は見ているだけで，自分で目
　の前に子どもなどがいることを想定して演じるパターン。

【質問内容】

□他の自治体を受けているか。

□なぜ鳥取県なのか。

□鳥取県の魅力とは。

□なぜ小学校教員なのか。

□外国語を小学校に導入する意義。

□外国語活動で大切なこと。

□外国語活動の主任としてやっていること。

□外国語活動でどんな実践をしているか。

□発達障害のある児童への対応。

□個別の指導が必要な児童への対応。

□今までの保護者対応で困ったこと。

□体育主任はできるか。

□他の重い校務分掌はもてるか。

□英語の専科教員としてできるか。

□鳥取県の教育について知っていること。

□ICTを使った授業をしているか。

□算数以外で思考力を伸ばすために指導していること。

□どのように個性を尊重した指導を行うのか。

□自分が教員に向いていると思うところ。

□鳥取県の試験を受けるのを管理職は知っているか。

・現職の正規教員であること，英語の特別枠での受験のため，質問内容は自分が大卒時に受験した自治体とは全く異なっていたように感じた。

▼小学校

【場面指導課題】

□自転車での交通事故が起きた。子どもたちが交通ルールを守り,安全に自転車に乗ることを徹底しようと学校で決まった。学級担任としてクラスの子どもたちに自転車での交通ルールについて話せ。対象

　　学年は自分で設定してかまわない。

【質問内容】

□大学の単位は無事に取得できそうか。

□免許は無事に取得できそうか。

□他の自治体は受験しているか。

□他の職種の試験を受けているか。

□なぜ鳥取の教員になりたいのか。

□どんな先生になりたいか。

□「社会に開かれた教育課程」とは何か。なぜ「社会に開かれた教育課程」が求められているのか説明せよ。

□子どもに身に付けさせたい学力とは何か。

　→そのような学力を付けさせるためにどのような授業が必要だと思うか。

□学校で子どもにどんな体験をさせたいか。

□いじめの未然防止のためにどのような取り組みをするか。

□学級でのいじめの早期発見のためにどのような取り組みをするか。

　→そのような取り組みをしても，いじめが起きてしまったら，どう対応するか。

□デジタル教科書の良さは何だと思うか。

□ICTを活用すると効果的だと思う場面を述べよ。

□クラスに発達障害の子どもがいたらどう対応するか。

□保護者や子どもに信頼される教師に必要なことは何だと思うか。

□大学のサークルではどんな活動をしたのか。どんな困難があり，どう乗り越えたのか。その経験を教員としてどう活かすか。

□教育実習では，何年生を担任したか。

　→教育実習で指導教官の先生に言われた言葉で印象に残っている言葉は何か。

□学校の役割とは何だと思うか。

□鳥取の教育課題は何があると思うか。

□これからの時代を見据えて，小学校の子どもにどんな力を付けさせ

たいか。

▼中学英語

【場面指導課題】

□コロナウイルスの影響で合唱コンクールが中止になったことを生徒
　に伝えよ。

　　→その後，場面指導について工夫した点などを問う。

・「なぜそう伝えたのか」を説明できると良いと思う。

【質問内容】

□卒業できそうか。

□志望理由。

□Can-Doリストをどう思うか。

□GIGAスクール構想について。

□英語が苦手な生徒への対応。

・最初に場面指導を行い，後に個人面接を行った。

・質問は，自分自身に関すること，専門教科に関すること，教育に関
　することについて聞かれた。

・分からないことがあれば素直に伝え，今後学ぶ姿勢を見せると良い
　と思う。

▼中学理科

【場面指導課題】

□参観日の後の懇談会で保護者から子どもが夜中にSNSでやりとりを
　しており，寝不足で学校に通っている。学校としても何か指導をし
　てほしい。

・対象学年，指導の詳細シーンは各自設定可。

・1分30秒経過すると止められるので，話す内容をコンパクトにまと
　める力が必要。

【内容】

□鳥取県教員への志望理由

　　→他の自治体にも受かったらどうするか。
□道徳教育をどのように実施するか。
　　→理科と道徳をどのように関連付けるか。
□(オリンピックと絡めて)学校における多様性とは。
□理科の苦手な生徒の興味・関心を高めるためには。
□クラスの中に発達障害の子がいる時の対応は。
□学校の役割とは。
・授業や教科の専門性の他に，教員としての人間性を見ているように
　感じた。

▼高校英語
【場面指導課題】
□自分の担当するクラスで，複数人が授業中にスマートフォンでメッ
　セージをやり取りしており，指導したと報告された。朝のホームル
　ームでどう指導するか。
・個人面接のはじめに行った。
・入室前に3分考える時間が与えられ，1分〜1分30秒で行った。
【質問内容】
□他の自治体や企業は受けているか。
□オンライン授業で経験したトラブル。
□なりたい教師像，そのためにしていること。
□いつから教師になりたいと思っていたのか。
□アルバイトなどの社会経験から身に付けた人間性。
□ICTをどう活用するか。
□発達障害の生徒にどう対応するか。
　　→自分が最初に気付いたらどうするか。
□オリンピックの印象に残ったシーン。
　　→オリンピックの差別的発言についてどう思ったか。

▼高校英語

【場面指導課題】

□教科担当があなたの担任しているクラスで授業を行っている際に，生徒がスマートフォンを使ってSNSを利用していたのを発見し指導した，と教科担当から報告を受けた。その翌日のホームルームであなたはどのように指導するか。

・個人面接開始時刻の3分前に会場の外の廊下で場面指導の課題を与えられた。メモ欄もあり，構想をメモすることもできた。入室後すぐに場面指導を行い，その後そのまま個人面接が始まった。

【質問内容】

□授業内での4技能，5技能のバランスについて。

□(現在中学校勤務なので)なぜ中学校から高校に行こうと思ったか，なぜ今までずっと中学校だったのか。

□(現在中学校勤務なので)コロナ禍の中学校の様子，コロナ禍で前向きになれない生徒への対応。

□思考力，判断力を育てるための授業とは。

□オリンピックで印象に残ったこと。

□オリンピック開催前の様々な問題(女性軽視発言，いじめ発覚)に対する意見。

□(留学経験があるので)海外から持って帰ったことで，鳥取県の子どもたちに一番伝えたいこと。

□ICT機器は現在使用しているか。活用法は。活用にあたって意識していることは。

　→その意識は生徒と共有できていると思うか。

　→その意識が生徒と共有できているかをどう判断するか。

□話すこと，聞くことをどのように指導するか。

□どのような教師になりたいか。

□個別の指導計画がないものの，担任しているクラスに特性のあると感じられる生徒がいたら，どのように対処するか。

▼高校工業

【場面指導課題】

□運動会のクラス対抗リレーの選手決めにおいて，立候補する人が少なく，司会の体育委員が困っていた。あなたは担任として，クラスでどんな話をするか。

・入室前に課題について3分考える→入室後1分30秒場面指導→個人面接へ。

【質問内容】

□志望動機。

□他の県を受験したか。

□どんな教師になりたいか。

□社会人及び大学生と，高校生との違いについて生徒に何を話すか。

□校則を守らない生徒に対しての指導→それでも聞かない時は。

□ICT機器の活用について。

□多動の生徒への対応。

□低学力の生徒への対応。

□何を重要として働くか。

□実習で感じた，母校の高校時代との違い。

□どんな生徒に育てたいか。

□多様性ついてどう思うか。

□母校へ自分が教師として入ることでのプラス点や組織での役割。

2021年度　面接実施問題

◆実技試験(1次試験)

▼中学国語

【課題】

□書写(毛筆)

　配布された半紙に，大筆を用いて「開花予想」を，小筆を用いて「三組　鳥取和実」を，次の【条件】にしたがって，すべて行書で書きなさい。

【条件】

(1)　反映させる〈行書の特徴〉及び使用する筆の種類を次のとおりとすること。

字	開	花	予	想	三	組	鳥	取	和	実
反映させる〈行書の特徴〉	点画の省略	筆順の変化	点画の連続	点画の省略	点画の連続	筆順の変化	点画の連続	筆順の変化	点画の省略	点画の連続
筆の種類	大筆				小筆					

(2)　それぞれの字に反映させた〈行書の特徴〉を，鉛筆を用いて○で囲み，明確に示すこと。

(3)　字の配置は，下の例のとおりとすること。

例

※作品の左上に，鉛筆で受験番号を書くこと。(氏名は書かない)

※提出は一枚のみとする。

※携行品…毛筆(大筆，小筆)，書道用具(墨汁可)，黒鉛筆(B又は2B)

▼中学英語

【課題】

□英会話の技能・実技

【テーマ】

□生徒のライティング能力を上げるにはどう指導したらよいか

・お題が書かれた細長い短冊のようなものが裏返しで何本も(8本くらい)あり，くじのような感じで一つ選ぶ形式だった。

・題は全く予想外だった。「授業で心がけていること」や「生徒の力を伸ばすには」というようなことを予想していたが，まさかという感じだった。

・漠然とした解答(誉めて伸ばすなど)ではなく，具体的な解答が求められている感じがしたので，とても苦労した。

▼中学理科

【課題】

□机上にある3種類のプラスチックの小片A〜Cの種類を特定しなさい。

ただし，プラスチックの種類はポリエチレン(PE)，ポリスチレン(PS)，ポリエチレンテレフタラート(PET)のいずれかである。

①実験方法を計画し，②実験結果と，表の密度表を参考に③プラスチックA〜Cの種類を特定し，④判断した理由を答えなさい。

※①〜④についてそれぞれの解答欄に解答すること。

なお，実験にあたっては，机上の道具を用いて行うこと。

実技試験の制限時間は片付けも含めて12分間とする。(残り1分で合図をする。)

[机上の道具]

ピンセット3，水，飽和食塩水，プラスチックコップ2，キッチンペーパー

【密度表】

物質名	ポリエチレン(PE)	ポリスチレン(PS)	ポリエチレンテレフタラート(PET)	水	飽和食塩水
密度 (g/cm³)	0.92〜0.97	1.06	1.38〜1.40	1.00	1.19〜1.20

① 【実験方法】

プラスチック	A	B	C
②実験結果			
③プラスチックの物質名			
④判断理由			

▼中学音楽

【課題1】

□弾き歌い(中学校の歌唱共通教材の中から，当日指定した曲をピアノ伴奏をつけて弾き歌う)

※但し歌はハミングとする(コロナ対策のため本年度のみ変更)

【課題2】

□ピアノ・管・弦・打(マリンバに限る)楽器のいずれかで任意の曲を演奏する。

【課題3】

□和楽器(箏，三味線，篠笛，尺八に限る)で任意の曲を演奏する。

※携行品…各自が演奏する管・弦・打・和楽器及び楽譜

(マリンバは当方で準備する。箏については当方で準備するが，持ち込みも可とする。)

▼中学家庭

【課題】

□次の①〜⑤の指示に従い，じんべいの左そでを製作しなさい。筒袖(袋縫い)とすること。

　糸は一本取りで縫うこと。

①　型紙を使い，裁断，しるしつけを行う。ただし，縫い代は袖口3cm，その他2cmとする。そでつけ側は布のみみを使用すること。型紙の指示に従い裁断すること。適切な箇所に山印，合印をつけること。

②　手縫いによる縫製とする。③〜⑤の縫い方は，それぞれ指示に従うこと。

③　そで下は，袋縫いを行い，縫い代は0.2cmのきせをかけ，前そで側に倒すこと。縫い方は，なみ縫いとすること。

④　袖口は，三つ折りにし，そで下から縫いはじめ，肩山(前そで側)までまつり縫いとし，肩山からそで下まで(後ろそで側)までは半返し縫いとする。

⑤　前そで側に直径1.5cm程度の○をバックステッチで縫うこと。(刺
　　繍糸などにかえる必要はない。)

※問題及び与えられた材料等は，すべて封筒に入れて提出すること。

※作品は，制限時間(60分)終了時点の状態で提出すること。

※携行品…裁縫道具〔縫針，待ち針，カタン糸(黒60番)，しつけ糸，
　　指ぬき，裁ちばさみ，糸切りばさみ，ルレット，チャコ，布用複写
　　紙(両面用)，ひも通し，定規(30cm程度)，工作用のはさみ〕

▼中学技術

【課題1】

□「材料と加工の技術」

　　下の図の製品を，板材(12mm×210mm×1000mm)と合板(3mm×
174mm×300mm)を使って製作しなさい。ただし，合板は背板のみに
使用すること。

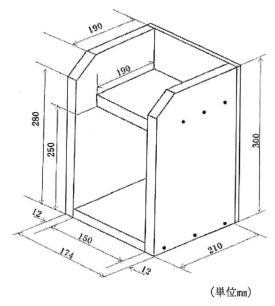

(単位㎜)

(1)　解答用紙に板材の材料取り図をかきなさい。

ただし，背板の材料取りは，かかなくてもよい。縮尺は自由とするが，大まかな寸法を記入すること。フリーハンドでよい。

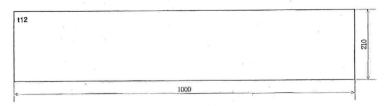

(2)　さしがね，両刃のこぎり，かんな，ドレッサ，きり，げんのう，紙やすり，釘抜きを使用して製作しなさい。

なお，接合には，くぎを使用すること。また，必要に応じて，木工万力，クランプ，木片，雑巾を使用してよい。

【課題2】

□「エネルギー変換の技術」

封筒の中に入っている材料を使い，同封の説明書に従って各部品を基板に適切にはんだ付けして実装し，回路を完成させなさい。ただし，工具は以下のとおりとする。

工具…はんだごて，はんだごて台，はんだ吸い取り線，ニッパ，ラジオペンチ，ドライバ，回路計

【課題3】

□「情報の技術」

以下の問いを，プログラミングソフト「Scratch2.0」で制作しなさい。

(1)　スプラウトが，右に100歩，上に200歩動き，その動いた道筋を線で印すプログラムを制作しなさい。制作したプログラムは，ugokiのファイル名でデスクトップに保存しなさい。

(2)　制御ブロックを利用してスプラウトに正方形の動きをさせ，動いた道筋を線で印すプログラムを制作しなさい。

なお，画面上で正方形を確認できる大きさにすること。

制作したプログラムは，seigyoのファイル名でデスクトップに保

存しなさい。

(3)　以下の条件を満たす数あてのプログラムを制作しなさい。

> 条件
>
> 　数字をあてる(正解は3)プログラムをつくる。ある数字を答えとして入力し，その入力された答えが正解の3と合致している場合は，「正解」と表示する。合致していない場合は，入力された数字が3よりも大きければ，「もっと小さい数字」と表示されるようにする。また，入力された数字が3よりも小さければ，「もっと大きい数字」と表示されるようにする。正解が表示されるまで再度数字を入力し，「正解」が表示されたら，プログラムを終了させる。合致していなければ，もう一度数字の入力から始める。入力できるチャンスは3回までとする。

　制作したプログラムは，kazuのファイル名でデスクトップに保存しなさい。

※時間は100分

※携行品…作業ができる服装，運動靴，定規

▼中学保体

【課題1】

□水泳

【課題2】

□器械運動

【課題3】

□陸上競技

【課題4】

□球技(バレーボール，バスケットボールの内1種目選択)

【課題5】

□武道(剣道)

【課題6】

□ダンス

※コロナ対策のため，水泳，器械運動，球技のうち(バレーボール)は
　実施されなかった。

※携行品…運動着上下，運動靴(体育館用，屋外用)，水泳着，水泳帽，
　竹刀

▼中学美術

【課題】

□「生活を豊かに～形や色彩を楽しむデザイン～」をテーマに「コー
　スター」を制作しなさい。また，制作後に，完成したコースターの
　上にコップを置いてデッサンしなさい。(下記の条件をよく確認す
　ること。)

〈「コースター」の制作について〉

[条件]

・紙は自由に加工してよい。

・作品の一部分に色を必ず入れること。(色数は制限しない。)

[注意事項]

・使用してもよい用具は，持参した携行品と配付したもの(はさみ・カ
　ッター・カッターマット)とする。

〈デッサンについて〉

[条件]

・鉛筆デッサン(黒鉛筆)とする。

[注意事項]

・用紙は，縦・横，自由とする。

・裏表紙の左下に，制作した「コースター」についての解説(工夫した
　点等)を記入すること。

・裏表紙の右下に，「受験番号」を記入すること。

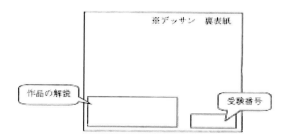

※携行品…鉛筆素描用具一式，定規(30cm程度)，色鉛筆12色以上

▼高校英語

【課題】

□英会話に関する技能・実技

▼高校家庭

【課題】

□次の①～⑥の指示に従い，じんべいの一部を製作しなさい。

① 型紙を使い，身ごろの裁断，しるしつけを行う。ただし，縫い代は，すそ3cm，えり下と後ろ中心は2cm，その他は1cmとすること。

② 手縫いによる縫製とすること。③～⑤の縫い方は，それぞれ指示に従うこと。

③ 背縫いは袋縫いとし，縫い代は0.2cmのきせをかけ，左身ごろ側に倒すこと。縫い方は針目0.4cm程度のなみ縫いとすること。

④ 左前すそは2cm程度の三つ折りにし，まつり縫いとすること。針目の間隔は0.5cm程度で，表目は0.1cm程度とすること。

⑤ 左えり下は1cm程度の三つ折りにし，針目の間隔は1cm程度で，三つ折りぐけをすること。

⑥ ①～⑤以外は縫製しなくてもよい。

※問題及び与えられた材料等は，すべて封筒に入れて提出すること。

※作品は，制限時間(60分)終了時点の状態で提出すること。

※携行品…裁縫道具〔縫針，待ち針，カタン糸(黒60番)，しつけ糸，指ぬき，裁ちばさみ，糸切りばさみ，ルレット，チャコ，布用複写紙(両面用)，ひも通し，定規(30cm程度)，工作用のはさみ〕

▼高校保体
【課題1】
□水泳
【課題2】
□器械運動
【課題3】
□陸上競技
【課題4】
□球技(バレーボール，バスケットボールの内1種目選択)
【課題5】
□武道(剣道)
【課題6】
□ダンス
※コロナ対策のため，水泳，器械運動，球技のうち(バレーボール)は実施されなかった。
※携行品…運動着上下，運動靴(体育館用，屋外用)，水泳着，水泳帽，竹刀
※体育に関する技能・実技試験に必要な運動靴(体育館用)は，必ず試験会場用の上履きとは別に準備すること。

▼高校音楽
【課題1】
□弾き歌い(コンコーネ50番4・5番の中から当日指定した曲をピアノ伴奏をつけて弾き歌う)
※但し，歌はハミングとする(コロナ対策のため本年度のみ変更)
【課題2】

□ピアノ・管・弦・打(マリンバに限る)楽器のいずれかで任意の曲を演奏する。

【課題3】

□和楽器(箏，三味線，篠笛，尺八に限る)で任意の曲を演奏する。

※携行品…各自が演奏する管・弦・打・和楽器及び楽譜
(マリンバは当方で準備する。箏については当方で準備するが，持ち込みも可とする。)

▼高校美術

【課題】

□次の条件にしたがい，与えられたモチーフを観察し画用紙に鉛筆で描写しなさい。

条件1：3つのモチーフ(角材，軍手，平巻テープ)全てを，台紙の上にバランスよく配置し描写すること。

条件2：角材と軍手は加工しないこと。

条件3：平巻テープは伸ばしても構わないが，角材の長さの2倍程度までとする。

条件4：モチーフ及び台紙面以外は描かないこと。台紙は加工しないこと。

※支給材料…角材，軍手，平巻テープ，台紙，四つ切画用紙(デッサン用)，カルトン，クリップ

※用具は鉛筆，消し具，鉛筆削りおよび支給材料のみとし，それ以外のものの使用は認めない。画用紙は，縦，横のいずれに使用してもよい。

※画面左下に受験番号を記入のこと。

※出題に関する質問は，一切受け付けない。

※時間120分

※携行品…鉛筆素描用具一式(ただし，カルトン，画用紙は当方で準備する)

▼高校書道

【課題1】

□次の漢字の古典作品(一)，(二)，(三)を別紙(用紙A使用，縦づかい)に
　臨書しなさい。

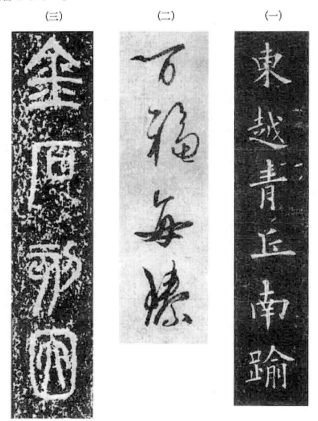

【課題2】

□次の古筆を別紙(用紙B使用)に体裁よく臨書しなさい。

【課題3】

□次の七言の二句を別紙(用紙C使用，縦づかい)に各自の得意とする形
(書体・表現)で創作しなさい。(作品には落款「裕太書」として入れ，
押印すべきところに赤サインペンで印の形を書き入れなさい。)

千山夜靜香林月

萬壑涼生竹閣風

【課題4】

□次の言葉を「漢字仮名交じりの書」作品として別紙(用紙D使用，縦
　横自由)に創作しなさい。(作品には落款「紗季かく」として入れ，
　押印すべきところに赤サインペンで印の形を書き入れなさい。)

山路来て何やらゆかしすみれ草

※携行品…硯，墨(すってきてもよい)，筆(大，小，仮名用)，下敷［半紙用，条幅作品用(全紙)］，文鎮，赤サインペン，鉛筆

▼養護教諭
【課題】
□養護に関する技能・実技
※コロナ対策のため中止
※養護及び教職教養に関する専門試験(筆記試験)。
※教職教養に関する出題は小学校学習指導要領(平成29年3月告示)に関する内容を含む。

◆適性検査(1次試験)
【検査内容】
□YG　20分
□MMPI
※第一次選考試験で実施するが，第二次選考試験判定のための参考資料とする。
・問題がとても多い。
・2次試験の参考程度。

◆実技試験(2次試験)
▼小学校・特支
※音楽に関する専門試験(技能・実技試験)のみ。コロナ対策のため体育の実技は中止。
【音楽課題】
□弾き歌い
　小学校の歌唱共通教材の中にある，「ふじ山」，「ふるさと」の内，どちらか当日指定した曲を前奏を入れ，ピアノ伴奏をつけて弾き歌う。

但し，歌はハミングとする(コロナ対策のため)。

※携行品…演奏する楽譜

▼小学校　30分

【音楽課題】

□弾き歌い

(小学校の歌唱共通教材の中にある，「ふじ山」「ふるさと」のうち，どちらかくじで直前に指定された曲を前奏を入れ，ピアノ伴奏をつけて弾き歌う。(但し，歌はハミングとする。)

・6名1グループで行う。

・1人の制限時間は2分，曲をくじできめた時点から2分計測。

・グランドピアノ。ふたが半分程度上げられており，室内の音響もあるためか，ハミングの声が聴こえにくい。声出しはできないのでぶっつけ本番。

・審査員は一名と説明・補佐役1名の計2名。

・まったく弾けない人と練習してきた人との差が大きかった。

・少しミスをしても満点がもらえたので，途中で止まらないことが一番大事だと思う。

▼小学校　30分

【音楽課題】

□ピアノ弾き歌い(伴奏付きで1番だけ)　「ふるさと」「ふじ山」

・1グループ6名で行う。

・課題曲は一次試験受験後に教えてくれる(共通教材から2曲)。

・今年は実技はピアノのみとなり，歌の部分はハミングで行った。

▼小学校

【音楽課題】

□ピアノ弾き歌い　課題曲は「ふじ山」か「ふるさと」

・6人が1つのグループになって，1人ずつピアノを弾く。

・弾く前にくじ引きがある。
・ピアノは鍵盤が軽く，音が大きい。優しく弾かないとハミングが聴こえづらい。
・楽譜は持参(難しいバージョンの楽譜を弾いている方もおられたが，私は1番簡単な楽譜で弾いた)。
・緊張するので，弾く前は一呼吸置いてから弾くべき。
・くじ引きをしてからタイマーで3分間程度の中で演奏をおさめなければ，途中で止めるという指示があった。
・止められるぐらい長く弾いている人はいなかった。私もゆっくり弾いたが，時間内に終えた。

▼高校保体
【課題】
□陸上(ハードル)
□ダンス
□球技(バスケットボール)
□武道(剣道)
※120分

◆場面指導(2次試験)
※コロナ対策のため本年度は中止

◆集団面接(2次試験)
※グループワークを含む集団面接
【グループワーク課題】
□「新たなスマートフォンの機能(アプリでも可)」について，それぞれがアイデアを出し合い，最終的にグループで1つの提案としてまとめてください。

□「ドローンをうまく活用すればさらに発展できる業種」について，それぞれがアイデアを出し合い，最終的にグループで1つの提案としてまとめてください。

□「任意の職をモチーフにしたヒーロー戦隊」について，それぞれがアイデアを出し合い，最終的にグループで1つの提案としてまとめてください。

□「日本海沖に突如現れた島の名前と利用方法」について，それぞれがアイデアを出し合い，最終的にグループで1つの提案としてまとめてください。

□「新しい略語」について，それぞれがアイデアを出し合い，最終的にグループで1つの提案としてまとめてください。

□「コロナ禍でも実施可能な祭りのスタイル」について，それぞれがアイデアを出し合い，最終的にグループで1つの提案としてまとめてください。

□「国民がその趣旨に賛同できる新たな祝日『〇〇の日』」について，それぞれがアイデアを出し合い，最終的にグループで1つの提案としてまとめてください。

□「未来の公共交通機関(乗り物)」について，それぞれがアイデアを出し合い，最終的にグループで1つの提案としてまとめてください。

□「空き家を活用して地域を元気にするイベントの企画」について，それぞれがアイデアを出し合い，最終的にグループで1つの提案としてまとめてください。

※留意点

・時間は，課題を読み各自で考える時間(3分)，話し合い検討する時間(17分)とする。

・時間は面接官が計測し，受験者に伝える。(3分経過，18分経過，20分経過後話合い終わり)

・3分が経過し，話合い開始時点で，マスクを外してください。

・グループ内で発言する際は，周囲にいる面接官にも聞こえる声で発言してください。

・進行役等は特に指定しません。
・メモ欄は，アイデアをまとめるため等に活用してください。(この用紙は，集団面接終了後回収する。)
・質問は受け付けない。

▼小学校(面接官4人　受験者4人)
【質問内容】
□おまつり，あなたならするか。
　→やる。おまつりについて，子どもにどんな話をする。
□感想(良かった点，改善点)
□「気をつけてほしいこと」何を言うか。
□鳥取のよさは何か。
※集団討論の45分に含まれている。

▼小学校
【グループワーク課題】
□「コロナ禍でおまつりをするなら，どんなまつりをするか企画せよ」
※メモしてOK。
※面接官はグルグル回っている。

▼小学校　面接官3人　受験者4人　45分
【グループワーク課題】
□4人でヒーローを設定し，子どもたちに紹介する。どんなヒーローを設定するかチームで話し合うこと。
・グループワークは20分程度。
【質問内容】
□グループワークをしてみて学んだこと。
□自分の役割や心がけたこと。
□今，社会にある正義とは言えないことに対して，何か知っていること。

□意見を深めるために反対意見があるが，それを言うことに対してどう考えるか。

□グループワークをする前，どんな思いでいたか。

□大学生活で人間関係をうまくするために取り組んだこと。

・試験室前の廊下で待つ間，同じ受験者と仲良くなっておくこと。

・お互いの個性がよく出てくるので，それを生かすように努めた(グループワーク)。

・集団面接の質問に対して話す順番については，試験官に決められた。

▼小学校　面接官3人　受験者4人

【グループワーク課題】

□日本海沖に突如現れた新しい島に名前をつけ，利用方法について考え話し合いなさい

※集団活動として去年からあったが，今回は表現活動はなくなり，話し合いだけで行われた。

・テーマに沿ってまずは1人で考え(4分)，話し合いを行った(約16分)。

・話し合いの様子を周りで試験官が見ている形で意見を出し合い，名前と利用方法について最終的に時間内に決定する形で行われた。

・集団活動のグループは事前にわかるので，待ち時間などに受験者同士でコミュニケーションを図っておくと本番でとてもスムーズに話し合いが進んだため，おすすめ。

【質問内容】

□話し合いをしてみての感想は。

□教師として話し合いを上手く進めるコツは。

□新しい島に対して授業で扱う場合，何を子どもたちに気づかせたいか(扱う授業はなんの授業かも加えて)。

□すごく話し合いが進んでいたが，なぜこのように話し合いの雰囲気が和らいだと思うか。

□日本海沖の島を鳥取県のものだと思ったか？　あるいは山陰，または全く新しくできたと思ったか？

□あなたがその島の観光大使になったとしてその新しい島をどうやってアプローチするか，またどこにアプローチするか(県内，国内，海外どこか設定する)。

・先に行った集団活動をみて質問を考えている様子だった。
・先ず1人1人順番に答えてそのあと挙手制で質問に答えていく形式だった。
・他の受験者の意見を聞いてそれに加えて発言したり，わからなかったら他の人が発言してから手をあげる方がいいと思った。
・集団面接後，この内容は他に漏らさないよう言われた。
・話し合いで観光業の具体案を中心に話していたので，観光以外も鳥取県のよさを言えるとよかった(例　すみやすさなど)。

▼小学校　面接官3人　受験者4人
【グループワーク課題】
□略語を考えなさい。

・部屋に入ったら，ボールペンかシャーペンを持って，荷物置き場に荷物を置くように指示される。指定された椅子に座る。
・面接官の中に1人，とても厳しい中年の女性がおられた。
・4人1グループで，グループ活動をする。4人が向き合うように机と椅子があり，机の上に問題用紙1枚が配られる。
・司会の指定は無かった。
・3分間考えて，まずは，自分1人だけで考える。その後，20分間ほど，グループ討論をした。
・コロナの影響で透明な板が机の前にあったが，マスクは外すように指示があった。
・透明な板のせいで，声を張らないと声が通らなかった。
・略語がすぐに決まってしまったので，時間があまった。そのため，略語を使う意図や，タイミング，どのように子どもに教えるかということまで話し合った。

【質問内容】

□集団討論をした時に気をつけたこと。

□授業で子どもたちにグループワークをさせる時に気をつけることは何か(一言で言え。挙手は何回でも可能だった)。

□小中一貫校にして，小学校が統廃合された。地域の人が怒っている。どのように対応するか。(説明する場面指導のようだった。)

□ギガスクール構想で，タブレットやICTを使った教師の働き改革は何かあるか。

□新任でクラスを持った時に，いきなりタブレットを使って授業をしろと言われた。どのように対応していくか。

・グループワークが終わって，すぐにそのまま，集団面接に入った。

・意見のまとまった者から挙手制で言う。

・追質問はとても多いというほどではないが，具体性や例を求められるときがあった。

▼中学英語

【グループワーク課題】

□学校用のスマートフォンアプリを新しく一つ作るとしたらどのようなアプリがよいか。話し合って一つにまとめなさい。

・始めは一人で3分間考えて，その後4人(他教科の受験者含む)で話し合うものだった。

・最後にふりかえりで一人一人感想と質問に答えた。

・お題と関係ない質問もあった。

▼高校保体　面接官3人　受験者4人　50分

【グループワーク課題】

□空き家を活用して地域を盛り上げるイベントを考える。

▼養護教諭

【グループワーク課題】

□未来の公共交通機関(乗り物)について議論し，一つの意見にまとめなさい。

【質問内容】

□集団討論を行った感想。

□集団討論で意見が変わったこと。

□議論の中で訂正したいことや付け足したいことがあれば述べよ。

□集団討論で意識したこと。

□自動運転について知っていること。

□自動運転によって解消できる問題を一つ選んで答えよ。

◆個人面接(2次試験)　面接官3人　30分

▼小学校

【質問内容】

□志望動機

□英語について

　→好きになった訳。

　→子どもにどう伝えるか。

□実習について

　→どうだったか。

　→先生のアドバイスで心に残っていることは。

□授業作りについて1番大切にしたいこと。

□保護者対応について1番大切にしたいこと。

□鳥取の取組みについて知っていること。

▼小学校

【質問内容】

□目指したきっかけ

□免許取得は大丈夫か。

□地域との連携で具体的に考えていること。

□地元ではない知らない土地で，どのように地域の人材を学校で使ったり，つながりをもったりしていくか。

□実習先の子どもの様子。

□体を動かすのは好きか。

□コミュニティ・スクールを知っているか。

□中にはクレームを言ってくる保護者もいる。保護者と関わる中で何を大切にするか。

□保護者と信頼関係を築く具体的な方法(話す以外で)。

□危機管理，どう気をつけるか。

　　→子どもたちへの具体策(下校中の台風を想定して)

□実習で学んだこと，一番頑張ったこと。

□教育で一番大切にしたいこと。

　　→そのための具体策。

□ICTの活用方法で考えていること。

□子どもにときとして厳しく叱れるか。

□最後に教師としての思いを込めて漢字一文字で表して。

　　→その理由。

・会話形式，Yes／Noの確認のみの質問もあった。

・実習での学び，教育観について中心に聞かれたので，自分が実習でこうしたいと思ったこと，挑戦したことなどを振りかえっておくとよい。

▼小学校

【質問内容】

□免許は一種のみか。

□勤務地はどこでもよいか。

□就活は教員採用試験一本か。

□企業などを受けたか。

□鳥取県で小学校の先生になる理由。

□単位は取れそうか，卒業できそうか。

□母校で実習ということで10年前に在籍していたときと実習で訪れた
　ときとの違いは何か。
□10年後どんな教師になっていたいか。
□やんちゃな子どもに対してどう対応するか。
□言うことを聞かない児童に対してどう対応するか。
　→それでも反発して聞かなかったらどうするか，自分の教育実習で
　　の課題は。
□その課題を克服するために今していること。
□ボランティアでトラブルがおきたときどう対応するか。
□どんなクラスを作っていくか。
□クラスに馴染めない子に対しての対応はどうするか。
□今の時代に必要な力は何か。
【場面指導】
□コロナ差別で人権侵害する可能性がある。そのようなことはあって
　はならないことを子どもに伝えるために試験官が子どもだと思って
　実演してください。
　→実演してみて反省点とよかったところ。
・過去に出た質問などもあり，あまり難しい質問は聞いてこない感じ
　だった。
・場面指導が今年はなくなったので場面指導系の質問が多かったり，
　実演したりした。
・個人に対する質問が多かった。

▼小学校
【質問内容】
□鳥取県の志望動機。
□教育実習で学んだこと。
□教育実習は充実していたか。
□採用までどのように過ごすのか。
□習い事で学んだことは何か。

□ストレス発散法。

□授業中に話を聞かない子どもへの対応。

□バイトは自分に合っていたか。

□なぜ小学校の教師を目指したか。

□新学習指導要領の求める資質の3つのうちの，知識・技能を高めるにはどうするか。

□主体的な学びをするためにどうするか。

□ギガスクール構想を使ってどの単元でどのようにタブレットを使うか。

□運転免許を持っているか。

□他の職業の就活をしているか。

・部屋に入ったら，荷物を置くように言われる。

・面接官は優しくにこやか。

・追質問もされる。

▼中学英語

【質問内容】

□志望理由

　　→現在私立高校で勤務していることもあり，かなり突っ込んだことも聞かれた。

(主に，高校→中学の理由，私学→公立の理由の二点。)

□勤務先は中部や西部でも大丈夫か(現住所が東部のため)。

□支援の必要な生徒への対応について。

□昔と今の授業の違い，生徒の様子。

□授業で心がけていること。

□生徒指導で上手くいかなかった経験はあるか。

　　→その時周りの教員と相談したか。

【場面指導課題】

□新型コロナウィルスによる差別偏見に対し，どう指導するか。試験官を生徒に見立て，その場でセリフを言う。

▼高校保体

【質問内容】

□希望勤務地

□体育教員は学校の中でどういった役割を果たしているか等。

▼養護教諭

【質問内容】

□免許の取得状況

□実習は行ったか。

□鳥取県を受験した理由。

□併願状況

□両方受かったらどうするか。

□養護教諭の魅力

□理想の養護教諭像

□尊敬する養護教諭はいるか。

□学校保健計画については学んだか。

□鳥取県のどこでも赴任できるか。

□学校保健委員会を活性化するには

　　→学校保健委員会について保護者に興味を持たせるにはどうしたら
　　　良いか。

　　→実態を把握するにはどうしたらいいか。

　　→アンケートの集計はどのように行うか。

　　→アンケートの結果を誰にどのように知らせるか。

【場面指導質問】

□小学校に赴任。エピペンを処方されている子が2人入学する予定。
　　養護教諭としてどのように対応するか。一分間考えて答えよ。

2020年度　面接実施問題

◆実技試験(1次試験)

▼中学国語

【課題】

□書写(毛筆)

　大筆を用いて，配付された半紙に，「有終完美」を次の条件にしたがって行書で書きなさい。

〈条件〉

(1)　自分の作品に，次の行書の特徴の①及び②を反映させて書くこと。

①　筆順の変化

②　点画の連続

(2)　四つの文字全てに①及び②の特徴のどちらかを必ず反映させること。

(3)　各文字に反映させた行書の特徴の箇所を鉛筆で囲み，①または②の番号を記入すること。

(4)　鉛筆での特徴の記入は，一文字につき一つとすること。

※持ち物…毛筆(大筆，小筆)，書道用具(墨汁可)，黒鉛筆(Bまたは2B)

▼中学理科

【課題】

□机上の道具を用いて，水平面上で力学台車を一瞬手で押したときの台車の運動のようすを調べなさい。その後，運動のようすが記録されている記録テープを，運動のようすを求めるのに適切な方法でグラフ用紙に貼りなさい。また，貼ったテープをもとに，0.3秒から0.6秒の間の平均の速さを求めなさい。答えは，式と途中の計算も消さずに解答用紙に残すようにし，小数第2位を四捨五入して小数第1位まで答え，単位をつけてあとの解答欄に書きなさい。なお，記録

　タイマーを用いた実験は，やり直したい場合は1度だけやり直せることとし，データの処理に使った記録テープのあまりは，あとの所定の欄にのり付けをすることとする。
　　実技試験の制限時間は片付けも含めて12分間とする(残り1分で合図をする)。
〈机上の器具〉
　力学台車，記録タイマー，セロテープ，のり，はさみ，ものさし，グラフ用紙，記録タイマー用のテープ
〈記録テープのあまり〉

〈水平面上での台車の運動で，0.3秒から0.6秒の間の平均の速さ〉

式	
平均の速さ	

▼中学英語

【課題】

□英会話

※持ち物なし。

▼中学家庭

【課題】

□与えられた布，材料を使い，次の図のようなサイズのきんちゃく袋
　を製作しなさい。製作にあたっては，以下のa～hの条件及び1～10
　の製作手順を取り入れるものとする。

（図）

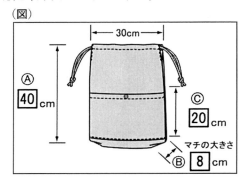

〈条件〉

a　縫い目の大きさは，1目3～5mm程度とすること。

b　ミシン縫いは，はじめと終わりは返し縫いをすること。

c　しつけは残すこと。

d　スナップ，飾りボタンをつけること。

e　ポケットをつけること。

f　オリジナルの刺しゅうをすること。

g　試験終了時には，与えられた材料等，すべて袋に入れて提出する
　こと。

h　作品は，制限時間終了時点の状態で提出すること。

〈製作手順〉

1 布地を図1のように裁断し，本体用とポケット用に切り分ける。(図1)

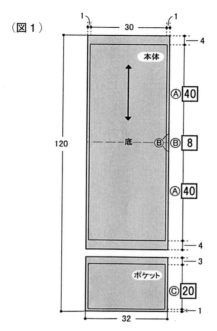

（図1）

2 ポケット布の上下をそれぞれ3つ折り，2つ折りにし，3つ折りした方をまつり縫いする。(図2)

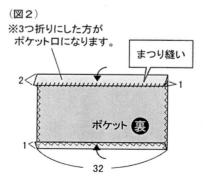

（図2）
※3つ折りにした方が
　ポケット口になります。

3　本体の中心からマチの$\frac{1}{2}$の長さ＋1cm空けて並縫いで縫いつける。
(図3)

（図３）

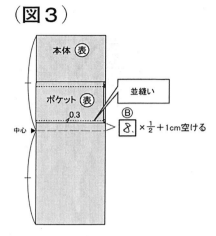

4　ポケット口にスナップとボタンを縫いつける。(図4)

（図４）

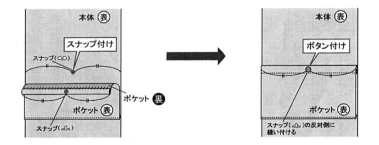

5 本体を中表にして半分に折る。さらにマチの$\frac{1}{2}$の長さを折る。(図5)

（図5）

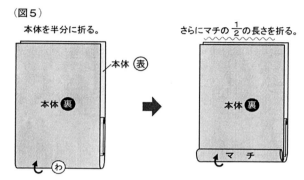

6 両わきをあき止まりまでミシンで縫う。(図6)
(縫い始めと縫い終わりは返し縫いすること)

（図6）

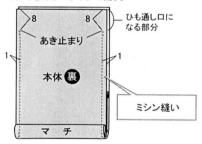

7 あき口の縫い代を割り，コの字にミシンで縫って押さえる。(図7)

（図7）

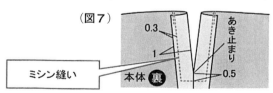

8 ひも通し口を3つ折りにしてミシンで縫う。(図8)

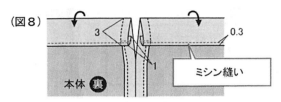

9　表に返し，ひも通し口にひもを通す。(図9)

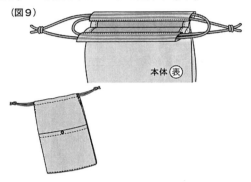

10　刺しゅうをする。

※注意…・与えられた刺しゅう糸を使い，オリジナルのデザインを表
　現する。下に示した縫い方を3種類以上利用すること。

・チャコペンで下書きを描いてもよいものとする。

①	ランニング・ステッチ
②	バック・ステッチ
③	アウトライン・ステッチ
④	サテン・ステッチ
⑤	フレンチノット
⑥	クロス・ステッチ
⑦	チェーン・ステッチ

※持ち物…裁縫用具：縫針，待ち針，カタン糸(黒60番)，しつけ糸，
　指ぬき，裁ちばさみ，糸切りばさみ，ルレット，チャコ，布用複写
　紙(両面用)，ひも通し，定規(30cm程度)，工作用はさみ。

▼中学技術

【課題】

□「材料と加工の技術」に関する実技

□「情報の技術」に関する実技

□「エネルギー変換の技術」に関する実技

※持ち物…作業ができる服装，運動靴

▼中学音楽

【課題1】

□弾き歌い

　中学校の歌唱共通教材の中から，当日指定した曲をピアノ伴奏をつけて弾き歌う。

【課題2】

□ピアノ・管・弦・打(マリンバに限る)楽器のいずれかで任意の曲を演奏する。

【課題3】

□和楽器(箏，三味線，篠笛，尺八に限る)で任意の曲を演奏する。

※会場準備品…マリンバ，箏(持ち込みも可)

※持ち物…楽譜，演奏に用いる管・弦・打楽器および和楽器

▼中学美術

【課題】

□「紙から広がる世界」をテーマに，紙をつかった"美しい形"を制作し，その形をデッサンしなさい。下記の〈条件〉,〈注意事項〉をよく確認すること。

※"美しい形"の制作について。

〈条件〉

・形は「抽象」とする。

・紙は「折る・切る・切り込みを入れる・曲げる・組み合わせる」等，自由に表現してよい。

・作品の一部分に必ず色を入れること(色数は3色までとする)。

〈注意事項〉

・使用してもよい用具は，持参した携行品と配付したもの(はさみ，カッター，カッターマット)のみとする。

※デッサンについて。

〈条件〉

・鉛筆デッサン(黒鉛筆)とする。

・制作物を机上に置き，制作物のみをデッサンすること。

〈注意事項〉

・用紙は，縦・横，自由とする。

・用紙の裏左下に，"美しい形"についての解説(工夫した点等)を記入すること。

・用紙の裏右下に，「受験番号」を記入すること。

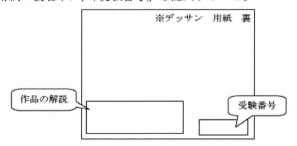

※持ち物…鉛筆素描用具一式，定規(30cm程度)，色鉛筆12色以上

▼中学保体

【課題1】

□水泳

【課題2】

□器械運動

【課題3】

□陸上競技

【課題4】

□球技…選択1種目〔バレーボール/バスケットボール〕

【課題5】

□武道…剣道

【課題6】

□ダンス

※持ち物…運動着上下，運動靴(体育館用，屋外用)，水泳着，水泳帽，竹刀

▼高校英語

【課題】

□英会話

※持ち物なし

▼高校家庭

【課題】

□次の(1)〜(6)の指示に従い，シャツの一部を製作しなさい。シャツ・スリーブとすること。

(1) 型紙を用い，裁断，しるしつけを行う。ただし，縫い代はすべて1cmとする。前身頃，袖は左右裁断する。後ろ身頃は型紙の指示に従い裁断すること。

(2) 手縫いによる縫製とする。(5)以外は，なみ縫いとする。

(3) 袖つけは右側のみ行い，縫い代は袖側に倒すこととする。

(4) 脇縫いは右側のみ行い，縫い代は後ろ身頃側に倒すこととする。

(5) そで下，脇縫いは，半返し縫いとする。

(6) (1)〜(5)以外は縫製しなくてもよい。

※注意… ・問題及び与えられた材料等は，すべて封筒に入れて提出する。

・作品は，制限時間終了時点の状態で提出する。

※持ち物…裁縫道具(縫針，待ち針，カタン糸－黒60番)，しつけ糸，指ぬき，裁ちばさみ，糸切りばさみ，ルレット，チャコ，布用複写

紙(両面用)，ひも通し，定規(30㎝程度)，工作用のはさみ

▼高校美術

【課題】

□条件1〜5にしたがって，与えられたモチーフを観察し画用紙に鉛筆
　で描写しなさい。

〈条件〉

1　与えられた大きな紙コップ1個と小さな紙コップ2個を，台紙の上
　にバランスよく配置し紙コップ3個とも描写しなさい。

2　紙コップは，重ねる，つぶす，破るなど加工をしてはいけません。

3　小さな紙コップ2個のうち，1つは立てて，1つは横に倒して配置し
　なさい。

4　大きな紙コップは，立てても横に倒しても可とする。

5　モチーフ及び台紙面以外は描かないこと。台紙は加工しないこと。

〈支給材料〉

紙コップ(大1個，小2個)，台紙，四つ切画用紙(デッサン用)，カルトン，
　クリップ

〈注意事項〉

用具は鉛筆，消し具，鉛筆削りおよび支給材料のみとし，それ以外の
ものの使用は認めない。画用紙は，縦，横のいずれに使用してもよい。

※画面左下に受験番号を記入のこと。

※出題に関する質問は，一切受け付けない。

▼高校書道

【課題1】

□次の漢字の古典(一)〜(三)を別紙(用紙A使用，縦づかい)に臨書しなさい。

(一) (二) (三)

【課題2】

□次の古筆を別紙(用紙B使用)に体裁よく臨書しなさい。

【課題3】

□次の二字を枠内の篆書を参考に，「印稿」として別紙(用紙C使用，横づかい，印面3センチ角)に一つにまとめなさい(白文，朱文印稿どちらでも可とする。白文印稿は朱の面に墨で書き入れること。朱文印稿は黒の面に朱で書き入れること)。

佑希

【課題4】

□次の七言の二句を別紙(用紙D使用，縦づかい)に各自の得意とする形(書体・表現)で創作しなさい(作品には落款「真二書」として入れ，押印すべきところに赤サインペンで印の形を書き入れなさい)。

　　涼聲度竹風如雨　　碎影搖窓月在松

【課題5】

□次の言葉を「漢字仮名交じりの書」作品として別紙(用紙E使用，縦横自由)に創作しなさい(作品には落款「友香かく」として入れ，押印すべきところに赤サインペンで印の形を書き入れなさい)。

　　牛の子の大きな顔や草の花

※提出作品は各問題に対し1枚ずつとし，用紙左下隅に鉛筆で受験番号を記入すること。ただし，課題1(一)，(二)，(三)については，それぞれ1枚ずつとする。

※配布用紙は以下のとおり。用紙A9枚，用紙B3枚，用紙C1枚，用紙D3枚，用紙E3枚。

▼養護教諭

【課題】

□嘔吐物処理の方法

※職員会議での提案を想定して，実際に処理させる。

・試験教室に入ると机上に紙が貼られていて，そこにお題が書かれていたのだが，何をさせることが目的だったのかはいまいちよく分からなかった。

◆適性検査(1次試験)

【検査内容】

□クレペリン検査

□YG性格検査

※2次試験判定のための参考資料とする。

◆実技試験(2次試験)

▼小学校全科／特支学校全科

【課題―音楽】

□弾き歌い…当日指定された1曲を前奏を入れ，ピアノ伴奏をつけて弾き歌う。

課題曲：「ふじ山」「ふるさと」(小学校歌唱共通教材)

※直前にくじを引いて曲を決定。

※2分間計測されるので，その間に弾き歌い(前奏をつける)。

【課題―体育】

□マット運動(前転，後転，開脚前転)

□ボール運動

※ボールを真上にあげて頭上でキャッチ，背前でキャッチ，各2回。

※持ち物…楽譜，運動着上下，運動靴(体育館用)

◆場面指導(2次試験)

※当日提示する課題に沿って，学校における具体的な場面を想定した
　指導を実施。

評価の観点	評価の主な着眼点
教科等に関する専門性	・教科等の専門性に関する知見 ・主体的・対話的で深い学びの実現に向けた意欲 ・教科等の専門性に係る教師としての指導力
児童生徒理解・指導	・児童生徒理解・生徒指導，キャリア教育・進路指導等に関する知見 ・現代的な教育課題の把握 ・生徒指導上の諸課題に係る教師としての指導力
実践的指導力・教育的愛情	・分かりやすい説明 ・納得感のある説明 ・やる気を持たせる説明
適切な対応力	・課題分析 ・論理的思考 ・実行力
人権意識・バランス感覚	・態度 ・教員としての信頼感 ・誠実さ

▼小学校

※くじを引いて課題を決定。3分間考える→3分間実施。

【課題】

□社会の時間に子どもたちがプレゼンテーションを用いた学習活動を
　する際，留意点を述べ，指導しなさい。

□友だちをけなす言葉を発する子どもが多くみられるようになった。
　学級全体に指導しなさい。

◆集団面接(2次試験)

　※グループワークを含む集団面接。

評価の観点	評価の主な着眼点
柔軟な発想	・理解力 ・判断力 ・表現力
適切な対応力	・課題分析 ・論理的思考 ・実行力
主体的な行動	・チャレンジ精神・行動力 ・責任感 ・熱意
協調的な行動	・適応力 ・協調性 ・対人関係構築力
豊かな教養	・幅広い知識 ・現代的な諸問題に対する課題意識 ・地域社会に貢献することに対する自覚

▼小学校

【課題－グループワーク】

□四季の中から一つ選んで，体を使って表現しなさい(ことばを使わずに)。

・5分自分で考える→20分間，話し合い→練習→1分間本番。

【質問内容】

※グループワークの後に集団面接だったので，グループワークの感想を1人ずつ発表した。

□学校で話し合い活動をする際，気をつける点はあるか。

□ボランティアに対してどのように考えているか。

□教育活動を行うとき大切にしないといけないことは何だと思うか。

※挙手制。

◆個人面接(2次試験)

評価の観点	評価の主な着眼点
教科等に関する専門性	・教育課程の編成に関する理解 ・学習指導法に関する理解 ・情報教育機器の活用に関する理解
児童生徒理解・指導	・学習集団形成に関する理解 ・生徒指導，教育相談に関する理解 ・特別な配慮を必要とする児童生徒への指導に関する理解
実践的指導力・教育的愛情	・分かりやすい説明 ・納得感のある説明 ・やる気を持たせる説明
学校組織の一員としての自覚	・学校教育の社会的・制度的・法的・経営的理解 ・集団で業務を遂行する際の適切な行動 ・鳥取県の教員としての誇り
人権意識・バランス感覚	・態度 ・身だしなみ ・誠実さ

▼小学校

【質問内容】

□志望動機

□教師志望が減っているのはなぜだと思うか。

□大学生活で印象に残っていること。

□小学校の教育実習で指導教諭にどんなことを言われたか。

□どのような学級をつくりたいか，学級目標は。

□「チーム学校」としてあなたがしていきたいことは何か。

□通常の学級に在籍する発達障害児に対して，どのような支援をするか。

| 2019年度 | 面接実施問題 |

※平成31年度鳥取県教員採用試験については，西日本豪雨の影響をうけて，平成30年7月7日(土)及び8日(日)に実施する予定であった第一次選考試験を延期したことに伴い，選考試験の内容の一部を変更して実施した。

〈変更点〉

(1)　一次試験と二次試験を同一日程で実施することとしたこと。

(2)　一次試験において実施する予定であった以下の試験は実施しないこととしたこと。

試験区分	試験内容
全試験区分	筆記試験（一般教養）、場面指導
小学校教諭、特別支援学校教諭	技能・実技試験のうち体育
中学校教諭保健体育、高等学校教諭保健体育	技能・実技試験のうち水泳

(3)　小学校教諭，中学校教諭，特別支援学校教諭及び養護教諭の志願者のうち，特別選考(Ⅲ　現職教諭を対象とした選考)該当者については，一次試験を免除することとしたこと。

(4)　一次試験合格者に対して実施する予定であった二次試験(面接試験)については，全志願者が受験することとしたこと。

◆実技試験(1次試験)

▼小学校全科，特支全科

【音楽課題】

□弾き歌い

　小学校の歌唱共通教材の中にある，「ふじ山」，「ふるさと」のうち，どちらか当日指定された曲を前奏を入れ，ピアノ伴奏をつけて弾き歌う。

【体育課題】

□水泳(平泳ぎ25メートル)

※本年度において，体育課題の実施はしないこことなった。

※携行品…演奏する楽譜，水泳着，水泳帽

・ほとんどの受験生が失敗したり，声が小さかったりしていた。緊張に弱い人は，たくさんの人に聞いてもらうなど，対策をしておくこと。

▼中学国語

【課題】

□書写(毛筆)

　大筆を用いて，配布された半紙に，「国際社会」を次の【条件】にしたがって行書で書きなさい。

〈条件〉

(1)　自分の作品に，次の行書の特徴の①及び②を反映させて書くこと。

> ①　筆順の変化　　②　点画の連続

(2)　四つの文字全てに①及び②の特徴のどちらかを必ず反映させること。

(3)　各文字に反映させた行書の特徴の箇所を鉛筆で囲み，①または②の番号を記入すること。

(4)　鉛筆での特徴の記入は，一文字につき一つとすること。

※携行品…毛筆(大筆・小筆)，書道用具(墨汁可)，黒鉛筆(Bまたは2B)

▼中学理科

【課題】

□物体A，物体Bの質量と体積を測定し，密度を求め，それぞれ単位をつけて，下の〈解答欄〉に書きなさい。なお，密度は，小数第3位を四捨五入して小数第2位まで答えなさい。

　測定に使う道具は，〈机上の器具〉の中から必要なものを使用し，計算は，式とともに途中の計算も消さずに〈解答欄〉に残しなさい。

実技問題の制限時間は片付けも含めて8分間とする(残り1分で合図をする。)。

〈机上の器具〉

メスシリンダー(100mL)，ビーカー(100mL)，電子天秤，定規，ガラス棒，針金，糸，駒込ピペット，ピンセット，キッチンペーパー

〈解答欄〉

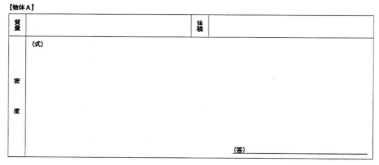

※携行品…定規(15cm程度)

▼中学英語

※試験官3人(ネイティブ1人，日本人2人)　受験者3人　15分

【課題】

□英会話

〈試験の流れ〉

受験番号順に1人ずつ，(1)〜(3)を行う。(5分間)

(1)　机上の問題用紙のなかから一枚を選ぶ

(2)　問題用紙に英語で示されている質問について，自身の考えをスピーチする(構想30秒，スピーチ1分間)。

(3)　試験官からの質問に対して，1分程度で回答する。

〈問題用紙の質問内容〉

□教員に一番大事なことはなにか。

□生徒にとって楽しいと思える授業をどのように行うか。

・質問はネイティブの試験官からなされ，日本人の試験官は，一人がタイムキーパー，もう一人が観察係であるようだった。

・問題用紙の質問内容は，教員に関するものであった。構想のときには，自分の意見のほかに，その具体例や意見を補足する内容，まとめをしっかりと考えておくことが重要なポイントだと思う。

・瞬時に英語を理解する能力と伝える能力がとても大切である。「英会話」という試験区分ではあるが，会話らしくない感じであった。

▼中学家庭

【課題】

□与えられた布，材料を使い，持参した裁縫道具を用いて，下図のような次のサイズ(120mm×130mm)のティッシュケースを，次の製作手順に従い製作しなさい。

　　製作にあたっては，以下のa〜fの手順・内容を取り入れるものとする。

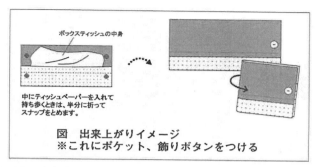

ボックスティッシュの中身

中にティシュペーパーを入れて
持ち歩くときは、半分に折って
スナップをとめます。

図　出来上がりイメージ
※これにポケット、飾りボタンをつける

a　縫い目の大きさは，1目3～5mm程度とすること。

b　ミシン縫いと同様，返し縫いが必要な箇所は重ね縫いをすること。

c　しつけは残すこととする。

d　スナップボタン，飾りボタンをつけること。

e　ポケットをつけること。大きさ・位置は自由とする。

f　受験番号を刺繍すること。

〈製作手順〉

1　無地生地と柄生地を中表にして合わせ，並縫いで縫い合わせる。
　（図1）

2　無地側の縫いしろだけ0.5cm残して切る。（図2）
　1の縫い目を開いて，縫いしろを無地側に倒す。
　柄と無地の境目から1cmのところを並縫いし，縫いしろを押さえる。
　（図3）

3　ポケットを付ける。

4　上下を3つ折りして，しつけ縫いをしてからまつり縫いをする。（図
　4，図5）

5　表に返し，中表に上下を折り，両わきを半返し縫い，本返し縫い
　で縫う。（図6）

6　出し入れ口から表に返し，形を整える。

7　裏側の＋のしるしのところに，スナップを2組縫いつける。（図7）

8　表側の＋のしるしのところともう一か所に，ボタンを縫いつける。

9　受験番号を刺繍して，完成。

《参考：使い方》(図8)

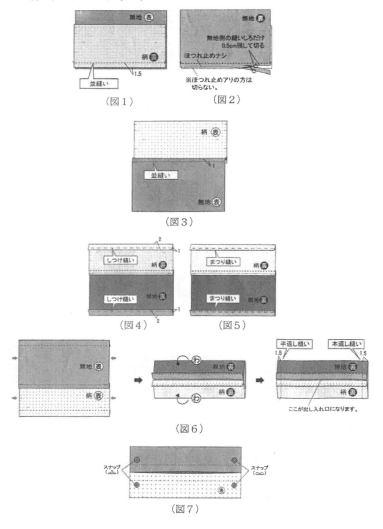

（図１）　　　（図２）

（図３）

（図４）　　　（図５）

（図６）

（図７）

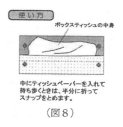

（図8）

※注意

　・試験終了時には，与えられた材料等，すべて袋に入れて提出する。

　・作品は，試験時間終了時点の状態で提出する。

※携行品…裁縫道具(縫針，待ち針，カタン糸(黒60番)，しつけ糸，指ぬき，裁ちばさみ，糸切りばさみ，ルレット，チャコ，布用複写紙(両面用)，ひも通し，定規(30cm程度)，工作用のはさみ)

▼中学技術

【課題1】

□下図の製品を，板材(12mm×210mm×1000mm)を使って製作しなさい。

(1)　解答用紙に材料取り図をかきなさい(縮尺は自由，大まかな寸法を入れること。フリーハンドでよい。)。

(2)　さしがね，両刃のこぎり，かんな，ドレッサ，きり，げんのう，のみ，釘抜きを使用して製作しなさい。

　　接合には，くぎと木工用接着剤を使用しなさい(必要に応じて，木工万力，クランプ，木片，雑巾を使用してよい。)。

図

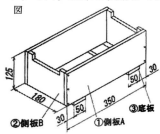

【課題2】

□封筒の中に入っている材料を使い，同封の説明書の指示に従って各部品を基盤に適切にはんだ付けして実装し，回路を完成させなさい。ただし，工具は次のとおりとする。

　　工具…はんだごて，こて台，はんだ吸い取り線，ニッパ，ラジオペンチ，ドライバ，回路計

【課題3】

□次の指示に従い，制御用ロボットのプログラムを制作し，制御用ロボットにプログラムを書き込み，制御用ロボットを動かしなさい。

(1)　①3秒間前進，②1秒間停止，③0.5秒間右方向へ旋回，④2秒間前進，⑤停止　するプログラム。

　　pro1のファイル名でデスクトップに保存する。

(2)　①3秒間前進，②1秒間停止，③0.5秒間右方向へ旋回，④1秒間停止　①～④を4回繰り返すプログラム。

　　pro2のファイル名でデスクトップに保存する。

(3)　前進し続けて，センサ1またはセンサ2に触れたらすぐに停止するプログラム。

　　pro3のファイル名でデスクトップに保存する。

〈併願者を対象とした実技試験〉

【課題1】

□下図の製品を，板材(12mm×210mm×1200mm)を使って製作しなさい。

(1)　解答用紙に材料取り図をかきなさい(縮尺は自由，大まかな寸法を入れること。フリーハンドでよい。)。

(2)　さしがね，両刃のこぎり，かんな，ドレッサ，きり，げんのう，釘抜きを使用して製作しなさい。

　　接合には，くぎと木工用接着剤を使用しなさい(必要に応じて，木工万力，クランプ，木片，雑巾を使用してよい。)。

図

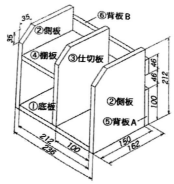

⑥背板B
②側板
④棚板　③仕切板
①底板
②側板
⑤背板A

35
35
212
46
46
100
212
100
236
150
162

【課題2】

□封筒の中に入っている材料を使い，同封の説明書の指示に従って各
　部品を基盤に適切にはんだ付けして実装し，回路を完成させなさい。
　ただし，工具は次のとおりとする。

　　工具…はんだごて，こて台，はんだ吸い取り線，ニッパ，ラジオペ
　　　　　ンチ，ドライバ，回路計

【課題3】

□次の指示に従い，制御用ロボットのプログラムを制作し，制御用ロ
　ボットにプログラムを書き込み，制御用ロボットを動かしなさい。

(1)　①3秒間前進，②1秒間停止，③0.5秒間右方向へ旋回，④3秒間前
　進，⑤停止　するプログラム。

　pro1のファイル名でデスクトップに保存する。

(2)　①3秒間前進，②1秒間停止，③1秒間右方向へ旋回，④1秒間停止
　①〜④を4回繰り返すプログラム。

　pro2のファイル名でデスクトップに保存する。

(3)　前進し続けて，センサ1(タッチ右)に触れたらすぐに停止するプロ
　グラム。

　pro3のファイル名でデスクトップに保存する。

※試験時間は150分間
※携行品…作業ができる服装，運動靴

▼中学音楽
【課題1】
□ソナタ(第1楽章)またはそれと同程度の任意の曲をピアノで演奏する。
【課題2】
□弾き歌い
　中学校の歌唱共通教材の中から，当日指定した曲をピアノ伴奏をつけて弾き歌う。
【課題3】
□管・弦・打(マリンバに限る)楽器のいずれかで任意の曲を演奏する。
【課題4】
□和楽器(箏，三味線，篠笛，尺八に限る)で任意の曲を演奏する。
※携行品…各自が演奏する管・弦・打・和楽器及び楽譜
※マリンバ(4オクターブ)は当方で準備する。
※箏については当方で準備するが，持ち込みも可とする

▼中学美術
【課題】
□「ビー玉」を主人公にした物語やメッセージを考え，絵本を制作しなさい。
※次の〈条件〉をよく確認すること。
〈条件〉
・表紙に，必ず「ビー玉」の鉛筆デッサンを描くこと。
・表紙の題名は文字で書いてもよいが，題名以外に文字は使わないこと(ストーリーの展開を絵で表現すること)。
・鉛筆及び色鉛筆を用いること。
〈注意事項〉

・使用してもよい用具は，鉛筆素描用具一式，定規(30cm程度)，色鉛筆とする。
・配布した「無地の絵本」は見開きを縦・横どちらの方向で使用してもよい。
・裏表紙の左下に，「作品の解説」を記入すること。
・裏表紙の右下に，「受験番号」を記入すること。

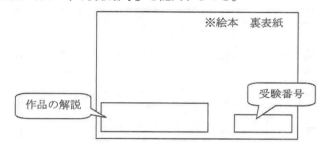

※携行品…鉛筆素描用具一式，定規(30cm程度)，色鉛筆(12色以上)

▼中高保体
【課題1】
□水泳
【課題2】
□器械運動
【課題3】
□陸上競技
【課題4】
□球技(バレーボール，バスケットボールのうち1種目選択)
【課題5】
□武道(柔道)
【課題6】
□ダンス
※本年度において，水泳の実施はしないこことなった。
※携行品…運動着上下，運動靴(体育館用，屋外用)，水泳着，水泳帽，

　　　柔道着

▼高校英語
【課題】
□英会話

▼高校家庭
【課題】
□次の①〜⑤の指示に従い，ハーフパンツを製作しなさい。
①　型紙を使い，裁断，しるしつけを行う。ただし，縫い代はウエスト1.6cm，すそ1cm，それ以外は0.6cmとする。
②　手縫いによる縫製とする。
③　わき，また下の縫い代は後ろ側にたおす。
④　また上の二度縫いはしなくてもよい。
⑤　ウエストは前側のみ製作すること。前側にひも通し口を作ること。
※注意
　・問題及び残った材料等は，すべて封筒に入れて提出する。
　・作品は，制限時間終了時点の状態で提出する。
※携行品…裁縫道具(縫針，待ち針，カタン糸(黒60番)，しつけ糸，指ぬき，裁ちばさみ，糸切りばさみ，ルレット，チャコ，布用複写紙(両面用)，ひも通し，定規(30cm程度)，工作用のはさみ)

▼高校美術
【課題】
□下記の条件にしたがって，①立方体を作成しなさい。②作成した立方体を観察し画用紙に鉛筆で描写しなさい。
〈条件〉
1　与えられたケント紙，赤いアクリル絵の具を用いて赤いラインのある立方体を作成しなさい。
2　立方体作成上の注意

(1) 立方体の1辺は10cmであること。

(2) 各辺の接着には，のりしろをつけ，ボンドまたは両面テープにて接着すること。

(3) 赤いラインは幅3cmの1本とし，必ず3つ以上の面をまたぐこと。

(4) 赤いラインは図1のように辺の端から端まで描き，途中で切れないこと。

3 赤いラインを描くときの注意

(1) 赤いラインは任意の長さで良いが，必ず展開図において一本の直線であり3つ以上の面をまたぐこと。

(2) 絵の具は与えられたアクリル絵の具の赤を使用すること。それ以外の絵の具は認めない。

(3) 3cm幅で描くが，そのラインからはみ出さないこと。

(4) 赤いラインは必ず「べた塗り」とし，かすれ，にじみ，ぼかしがあってはいけない。

4 デッサン上の注意

(1) 立方体は台紙の上に，赤いラインが必ず見えるように置くこと。

5 作成したモチーフ及び台紙面以外は描かないこと。台紙は加工しないこと。

図1
（例）

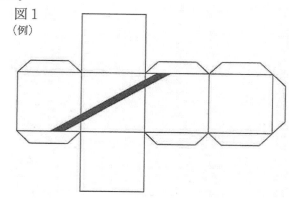

〈支給材料〉

　立方体作成用ケント紙，アクリル絵の具(赤)，筆，水入れ，丸形とき皿，カッターナイフ，木工用ボンド，両面テープ，カッティングマット，50cm定規，台紙，四つ切画用紙(デッサン用)，カルトン，クリップ

〈注意事項〉

　用具は鉛筆，消し具，鉛筆削り，30cm程度の定規および支給材料のみとし，それ以外のものの使用は認めない。

　画用紙は，縦，横のいずれに使用してもよい。

※画面左下に受験番号を記入のこと。

※出題に関する質問は，一切受け付けない。

※携行品…鉛筆素描用具一式(ただし，カルトン，画用紙は会場に準備されている)，定規(30cm程度)，色鉛筆(12色以上)

▼高校書道

【課題1】

□次の漢字の古典作品(一)，(二)，(三)を別紙(用紙A使用，縦づかい)に臨書しなさい。

(一)　　　　　　(二)　　　　　　(三)

【課題2】

□次の古筆を別紙(用紙B使用)に体裁よく臨書しなさい。

【課題3】

□次の二字を枠内の篆書を参考に,「印稿」として別紙(用紙C使用,
　横づかい,印面3センチ角)に一つにまとめなさい。(白文,朱文印稿
　どちらでも可とする。白文印稿は朱の面に墨で書き入れること。朱
　文印稿は黒の面に朱で書き入れること。)

涼子

【課題4】

□次の七言の二句を別紙(用紙D使用，縦づかい)に各自の得意とする形
　(書体・表現)で創作しなさい。(作品には落款「和美書」として入れ，
　押印すべきところに赤サインペンで印の形を書き入れなさい。)

　　　千山夜靜香林月　　萬壑涼生竹閣風

【課題5】

□次の言葉を「漢字仮名交じりの書」作品として別紙(用紙E使用，縦
　横自由)に創作しなさい。(作品には落款「仁志かく」として入れ，
　押印すべきところに赤サインペンで印の形を書き入れなさい。)

　　　流れ行く大根の葉の早さかな

※提出作品は各問題に対し1枚ずつとし，用紙左下隅に鉛筆で受験番
　号を記入すること。ただし，課題1(一)，(二)，(三)については，そ
　れぞれ1枚ずつとする。

※配付用紙は次のとおり。用紙A9枚，用紙B3枚，用紙C1放，用紙D3
　枚，用紙E3枚。

▼養護教諭

【課題】

□養護に関する実技

◆場面指導(1次試験)

　※本年度において，場面指導の実施はしないこことなった。

◆集団討議(2次試験)

　※本年度において，集団討議の実施はしないこことなった。

◆集団面接(2次試験)　面接官3人　受験者6人　45分

　※配置図

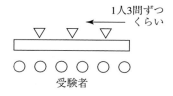

▼小学校全科

【質問内容】

□あなたの受験番号と簡単な自己紹介をしなさい。

□教育実習(現職の場合は現場)で学んだことはなにか。

　→それを今後どう生かすか。

□教員の服務義務のなかで，なにが一番大切だと思うか。

　→その義務を果たすために，具体的になにをするか。

□人権教育について，どうしていくか。

□長所と短所はなにか。また，短所について，改善点などあればあわせて答えなさい。

□授業で大切にしたいことはなにか。

□鳥取県に愛着のある子を育てるために，どんなことをするか。

□10年後，あなたはどんな先生になっていたいか。

□あなたにしかできない教育はなにか。

※挙手制で回答する。

・他の受験者が回答しているときは，顔を向けてうなずくとよい。ただし，その間に自分の回答をまとめておきたいので，きっちり聞かなくてもよい。

・私は回答する際，①私は○○と考えます，②その根拠となるエピソード，③決意などを話す，という流れで行った。

▼中学英語

【質問内容】

□教育実習で一番大変だったこと，または，今の教員生活で一番大変なことはなにか。

□教員にとって一番重要な資質はなにと考えるか。

□キャリア教育を行う際に一番大切なことはなにか。

□最近のパワハラ問題について，教員という立場上の性質であったり，身分を利用して「これをしなければ成績を下げる」などと脅したりできることから，教員による子どもへのパワハラが発生する可能性がある。このことについて，どう考えるか。

□地方公務員の服務義務について，「身分上の義務」と「職務上の義務」をすべて答えなさい。

□生徒から「なぜ勉強をしなければいけないのか」と聞かれた場合，どう答えるか。

→(将来の選択肢を広げるためと答える，と回答)生徒から「今の僕には，未来よりも今が大切だから，勉強はしません」と言われたら，どう対応するか。

※回答は，受験番号順(早い順，遅い順)と挙手制で行う。

・周りの人の意見が立派に聞こえるが，自分の考えをきちんと言い切ることが大切だと思う。

・公務員の服務義務に関わる質問は，すべて挙げられるまで何回でも回答できた。この質問は毎年聞かれているらしい。

・「生徒から『なぜ勉強を・・・』」という質問については，回答への追加質問がなされた。予想外のことや，いじわるのようなことも聞かれたので，私だけではなく，他の受験者もたじたじだった。生徒に対する接し方や，生徒がわからないことをきちんとわかる言葉で教えることができる能力が見られていると思う。

▼高校化学

【質問内容】

□この試験に対する意気込みを述べなさい。

□生徒から「あなたの教科を勉強する意味はなにか」と言われたら，あなたはどのように答えるか。

□理科のどのようなところが楽しいか。

□保護者と良好な関係を築くためには，どのようなことに気をつけるか。これまでの経験をもとに話しなさい。

□あなたが学生時代に一番頑張ったことはなにか。

・自分の話したことに対して深く聞き返されるため，確実な内容，自信をもって話せる内容を選んで話した方がよいと思う。

▼高校美術

【質問内容】

□あなたの強みはなにか。

□美術が苦手な生徒をどう指導するか。

□生徒から「なぜ美術を勉強しなければいけないのか」と言われたら，あなたはどのように答えるか。

□生徒の人間関係をどう指導していくか。

□鳥取県の未来のために，どのような生徒に育てたいか。

◆個人面接(2次試験)　面接官3人　15分
　▼小学校全科
【質問内容】
□他の自治体や企業は受験しているか。
　　→どこかに合格していた場合，どうするか。
□鳥取県に合格した場合，どの地域でも勤務は可能か。
□ボランティア活動の経験があるが，これは自分から進んで行ったのか。
□ボランティア活動を通してなにを学んだか。
□保護者との信頼関係はどう築くか。
□子どもとの信頼関係はどう築くか。
□あなたは中高保体と小学校の免許を持っているが，教育実習はどこに行ったか。
□中高保体ではなく，小学校を受験したのはなぜか。
□道徳が教科化されたが，このことについてどんなことを考えているか。
・哲学や信念といった自分の考えをしっかり確立しておきたい。また，様々な経験をして，それを語れるようにしておくことも大切だ。

　▼小学校全科
【質問内容】
□他の自治体は受験しているか。
□鳥取県に合格した場合，どの地域への赴任を希望するか。
□鳥取県の子どもにどんなことを教えたいか。
□エントリーシートに基づいた，自分のことについての質問
□子どもに仕事の大切さを伝えたい。どう話すか。

▼中学英語
【質問内容】

□なぜ教員を目指したのか。

　　→なぜ中学校の英語を選んだのか。

□(志望理由をもとに)憧れていた先生からどのようなことを教わったか。

□採用された場合，鳥取県のどこかの地域で働くことをお願いすることになり，実家から離れることも十分に考えられるが，このことに関してなにか不都合はないか。

□あなたの長所はなにか。また，その長所を教員としてどのように生かしていきたいか。

□大学生活で一番心に残っていることはなにか。

□あなたは長期留学の経験があるが，あなたにとって留学とはなにか。

□留学以外で大学生活でやったことはなにか。

□学級担任になったらどのような学級にしていきたいか。

□あなたは，一般企業や他の自治体を受験していないが，なぜ受験しようと考えなかったのか。

・面接官3人全員が私の話を笑顔で，相槌を打ちながら聞いてくれて，話しやすかった。鳥取県で働きたいことをたくさんアピールすることができ，最後に面接官から「あなたの教員に対する熱い思いと留学で培った英語力を生かして，ぜひ鳥取県で活躍してほしい」と言われた。集団面接より個人的な内容を聞かれるし，雰囲気がよいので，とてもリラックスできる試験だった。

・面接官の質問をきちんと聞いて，質問に沿った内容を答えたら問題ないと思う。しゃべり方や姿勢，表情から見える人間性を見られているように感じた。

▼高校化学
【質問内容】
□なぜ鳥取県を志望したか。

□他の自治体の受験の有無・合否状況について
□あなたが教員になったとき，生徒に身に付けさせたい資質・能力はなにか。
□あなたは非常勤講師の経験があるが，理論と現実のギャップはどのようなものがあったか。
□子どもに「生きる力」を身に付けさせるために，教員はどのような取り組みをするべきだと思うか。
□鳥取県の教員に採用された場合，どのようなことに一番力を入れたいと思っているか。

▼高校美術
【質問内容】
□他の自治体は受験しているか。
□なぜ鳥取県を志望したか。
□志望動機
□あなたが考える「魅力ある学校づくり」はなにか。
□クラスでいじめが起きた場合，どうするか。その場面における大切なことを2点挙げて答えなさい。
□あなたに影響を与えた人は誰か。
□「読書の大切さ」を生徒に伝えたい。どんな話をするか。
□高校には道徳の授業がないが，美術の授業の中でどう指導していきたいか。
□生徒や保護者と信頼関係を築くには，どうしたらよいか。
□これからの教員に求められているものはなにと思うか。
□あなたのリフレッシュ方法はなにか。
□最後に「私を採用したらこんなことができる」というようなアピールをしなさい。

◆適性検査(2次試験)　30分
　【検査内容】
　□YG性格検査
　・自分の性格や考え方，普段の行動についての質問にたくさん答えた。
　　質問に対して直感で回答すれば大丈夫だろう。質問数が多く，全て
　　回答しきれない人もいたが，全体の半分が回答できていれば検査結
　　果を出せると言われた。

2018年度　面接実施問題

＜H29実施の試験日程＞

○1次試験　7月上旬

　　1日目　筆記試験(教職・教養・専門)，技能・実技試験，集団討議

　　2日目　集団面接

○2次試験　9月下旬

　　模擬指導(場面指導)，個人面接，集団面接(グループワークを含む)，適性検査

＜技能・実技試験の実施校種教科＞

　　小学校全科，中学国語／理科／英語／技術／音楽／保体／美術(美術・書道)，高校英語／家庭／美術(美術・書道)，特支学校，養護教諭

※小学校教諭併願の中学教諭志願者は技能・実技試験(1次試験の小学校教諭の試験内容と同じ)が実施される。

◆技能・実技試験(1次試験・1日目)

　＜水泳に関する実技について＞

※医師から禁止されている者または身体的理由により受験できない者は，事前に1次試験出願提出先へ連絡する。当日の場合は，試験監督官に申し出ること。

[小学校・特支]

▼小学校全科／特支学校全科

【課題－音楽】

□弾き歌い…当日指定された1曲をピアノ伴奏をつけて弾き歌う。

　　　　　　※前奏を付ける。

　　　　課題曲：「ふじ山」「ふるさと」(小学校歌唱共通教材)

【課題－体育】

□水泳(平泳ぎ 25 メートル)

＜受験者のアドバイス・感想＞

・30名ほどの受験者と1名の試験官の前で歌った。

・持ち時間は1分30秒である。

＜持ち物＞

○楽譜…「ふじ山」「ふるさと」

○水泳着，水泳帽

[中学校]

▼中学国語

【課題】

□書写(毛筆)

＜課題文＞

　大筆を用いて，配布された半紙に「花鳥風月」を次の〈条件〉にしたがって行書で書きなさい。

〈条件〉

　(一)　自分の作品の各文字に，次の行書の特徴の①～③のいずれかを反映させて書くこと。

　　　　①筆順の変化

　　　　②点画の連続

　　　　③点画の省略

　(二)　①～③の特徴すべてを，四つの文字のいずれかに必ず反映させること。(①～③のいずれか一つは，二回使われることになる)

　(三)　各文字に反映させた行書の特徴の箇所を鉛筆で囲み，①～③の番号を記入すること。

　(四)　鉛筆での特徴の記入は，一文字につき一つとすること。

〈注意〉

　(一)　作品の左上に，鉛筆で受験番号を書くこと。(氏名は書かない)

(二)　提出は一枚のみとする。

＜持ち物＞

毛筆(大筆・小筆)，書道用具(墨汁可)，黒鉛筆(Bまたは2B)

▼中学理科

【課題】

□観察又は実験に関する実技(6分)

＜課題文＞

　凸レンズについて，以下の〈作図〉と〈実験〉を行いなさい。制限時間は6分間とする。

　　　　［机上の器具］光学台，凸レンズ，定規

〈作図〉

　ある凸レンズの焦点距離を調べるために，光学台を用いて実験を行い，凸レンズの中心から物体までの距離，凸レンズの中心からスクリーンまでの距離，スクリーンに映る像のようすを記録した。その結果，図のアの位置に物体(矢印)を置いたとき，イの位置に置いたスクリーンに同じ大きさで向きが逆の像(点線の矢印)が映った。この凸レンズの焦点はどこか。物体の点Aから出た光の道すじを作図することで焦点を求め，その位置をすべて示しなさい。焦点の位置は例にしたがって●で示し，「焦点」と書き入れなさい。

例

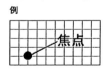

図

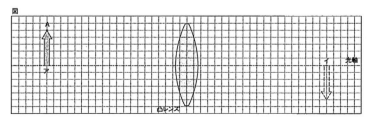

〈実験〉

　机上の器具を用いて，与えられた凸レンズの焦点距離〔cm〕を，小数第1位まで求めなさい。

＜持ち物＞：定規(15cm程度)

▼中学英語

【課題】

□英会話　※持ち物なし

▼中学技術

【課題】

□「材料と加工に関する技術」に関する実技

□「情報に関する技術」に関する実技

□「エネルギー変換に関する技術」に関する実技

＜持ち物＞：作業ができる服装，運動靴

▼中学音楽

【4課題】

□1．ピアノ　…ソナタ(第1楽章)またはそれと同程度の任意の曲をピアノで演奏する。

□2．弾き歌い…中学校の歌唱共通教材の中から，当日指定した曲をピアノ伴奏をつけて弾き歌う。

□3．管・弦・打楽器…いずれか楽器で任意の曲を演奏する。※打楽器はマリンバに限る。

□4．和楽器…任意の曲を演奏する。※和楽器は，箏，三味線，篠笛，尺八に限る。

＜会場準備品＞

○マリンバ(4オクターブ)　　○箏(持ち込みも可)

＜持ち物＞

○楽譜　　○演奏に用いる管・弦・打楽器および和楽器

▼中学保体
【6課題】
□水泳
□器械運動
□陸上競技
□球技…選択1種目〔バレーボール／バスケットボール〕
□武道…剣道
□ダンス
＜持ち物＞
○運動着上下　　　　　○運動靴(体育館用，屋外用)
○水泳着，水泳帽　　○竹刀
※運動靴は必ず2つ用意すること。

▼中学芸術(書道)
＜持ち物＞
○硯，墨(磨ってきてもよい)
○筆(大，中，小，仮名用)
○下敷(半紙用，条幅作品用－全紙)
○文鎮
○赤サインペン，鉛筆，消しゴム，定規(30㎝程度)

▼中学芸術(美術)
【課題】
□表現に関する実技…作品制作
＜課題文＞
　これから流す「音」を聞き，以下の条件で作品を制作しなさい。
〈条件〉
　1.「音」を聞いて，心でとらえたイメージを，形や色で表現するこ

　と。
　　2. 必ず自分の手のデッサンを描くこと。
　　3. 自分の手以外に描くものは，具象，抽象を問わない。
　　4. 鉛筆及び色鉛筆を用いること。
〈注意事項〉
　　＊使用してもよい用具は持参物にある用具とする。
　　＊画用紙は縦・横どちらの方向で使用してもよい。
　　＊画用紙裏面の左下に，「題名」及び「作品の解説」を記入するこ
　　　と。
　　＊画用紙裏面の右下に，「受験番号」を記入すること。

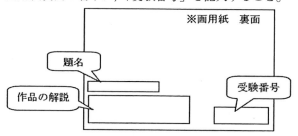

〈持ち物〉：鉛筆素描用具一式，定規(30cm程度)，色鉛筆(12色以上)

[高等学校]
▼高校英語
【課題】
□英会話　※持ち物なし

▼高校家庭
【課題】
□被服に関する実技(60分)
〈課題文〉
　次の(1)〜(5)の指示に従い，シャツのえりぐりをしまつしなさい。
〈条件〉

(1)　型紙を使い，裁断，しるしつけを行う。ただし，縫い代は0.5〜1cmとする。

(2)　手縫いによる縫製とする。

(3)　肩の縫い代の端を，0.4〜0.5cmのかがり縫いでしまつする。

(4)　幅4cmのバイアステープを2本裁断する。裁断した2本のバイアステープを半返し縫いでつなげ1本にする。ただし，型紙に応じて必要な長さのバイアステープを作成すること。

(5)　えりぐりは(4)のバイアステープでしまつする。しまつの際，裏面は本返し縫い，表面はまつり縫いを用いる。ただし，本返し縫い，まつり縫いともに0.3〜0.5cm間隔で縫うこと。また，バイアステープが長くても切り落とさず，そのままにしておく。

〈注意〉

＊問題及び与えられた材料等は，すべて封筒に入れて提出する。

＊作品は，制限時間終了時点の状態で提出する。

＜持ち物＞

○裁縫道具(縫針，待ち針，カタン糸－黒60番)

○しつけ糸，指ぬき，裁ちばさみ，糸切りばさみ，ルレット，チャコ，布用複写紙(両面用)，ひも通し，定規(30㎝程度)，工作用のはさみ

▼高校美術(書道)

【課題】

□書と表現

＜課題文＞

　提出作品は各問題に対し1枚とし，用紙左下隅に鉛筆で受験番号を記入すること。ただし，問題一は3枚。配付用紙は，用紙A9枚，用紙B3枚，用紙C3放，用紙D3枚，用紙E3枚。

1　次の漢字の古典作品(一)，(二)，(三)を別紙(用紙A使用，縦づかい)に臨書しなさい。

（一）

（二）

(三)

2　次の古筆を別紙(用紙B使用)に体裁よく臨書しなさい。

3　次の文を，別紙(用紙C使用，横づかい)に賞状として体裁よく書きなさい。

> あなたは交通安全ポスターコンクールにおいて優秀な成績を収められましたのでこれを賞します

4　次の七言の二句を別紙(用紙D使用，縦づかい)に各自の得意とする形(書体・表現)で創作しなさい。(作品には落款「美花書」として入れ，押印すべきところに赤サインペンで印の形を書き入れなさい。)

　　　　天山雪後海風寒　　　横笛偏吹行路難

五　次の俳句を「漢字仮名交じりの書」作品として別紙(用紙E使用，縦横自由)に創作しなさい。

　　(作品には落款「大貴かく」として入れ，押印すべきところに赤サインペンで印の形を書き入れなさい。)

　　ある雲は夕焼のして春の畑

▼高校美術(美術)

【課題】

□鉛筆デッサン(120分)

＜課題文＞

　条件1〜3にしたがって，与えられたモチーフを観察し画用紙に鉛筆で描写しなさい。

〈条件〉

1. モチーフは与えられた台紙の上に自由に配置してよい。

2. モチーフはすべて台紙の上にあること。ただし，モチーフ及び台紙は加工してはならない。

3. 与えられたモチーフ及び台紙面以外は描かないこと。

〈配付材料〉

　ペットボトル，角材，テニスボール，台紙，四つ切画用紙(デッサン用)，カルトン，クリップ

〈注意事項〉

＊用具は鉛筆，消し具，鉛筆削りおよび配付材料のみとし，それ以外のものの使用は認めない。

＊画用紙は，縦，横のいずれに使用してもよい。

＊画面左下に受験番号を記入すること。

＊出題に関する質問は，一切受け付けない。

[養護]

▼養護教諭

【課題－養護に関する実技】

□課題文を15秒で読み，2分間で実技を行う。

〈課題文〉

「中学2年生の男子生徒がグラウンドに突然倒れました。あなたは養護教諭としてどのように対応しますか。」

＜受験者のアドバイス・感想＞

・荷物は机に置く。

・CPR(心肺蘇生)の課題と思われる。

・会場にフェイスシールドと人形が用意されている。これらを使い，AED，人を呼ぶ等を考えた。

・教員との連携の取り方も大切と思われる。

・試験時間は，入退室含めて3分程だった。

＜持ち物＞：特になし

◆集団討議(1次試験・1日目)　面接官2人　受験者5人　時間25分程度

【テーマ】

□グローバル化における人材育成の意義や課題，施策や取り組みについて。

□児童生徒の対話的な学びを推進していくために，あなたはどのように取り組みをすすめていきますか。

□ICT教育について，その意義と活動をグループで話してください。

＜条件(課題用紙)＞

1. 司会者は設定しない。受験者同士でテーマに沿って討議を進める。

2. 1回の発言は，1分程度で簡潔に述べること。

3. この課題用紙にメモをとっても構わない。ただし，試験終了後，回収するため，持ち帰らない。

4. 試験終了後も，全受験者の試験が終了するまで，この試験に関する情報交換は禁止である。

＜注意事項＞

※テーマは，小学校，中学校，特支学校，養護学校で共通である。

※1組5〜7人程度で討議(意見交換)を20〜25分程度行う。

＜受験者のアドバイス・感想＞

・結論は出さなくてもよい。

・挙手はしない。5分間，考える時間があった。

・司会やタイムキーパーなどを決める必要はなかったが，誰が最初に発言するか決めておく方が困らなくてよいと思われる。

◆集団面接(1次試験・2日目)　面接官3人　受験者3〜5人　時間30分

【質問内容】

□教員を目指したきっかけは何か。

□目指す教師像とは。

□10年後どのような教諭になりたいか。

□5年後になりたい姿(教師以外)を30秒以内で。

□現場の先生からいただいた助言や言葉で胸にしみたものについて。

□教材研究をどうするか。

□集中できない生徒へどう声をかけるか。

□クラスに不登校児童がいた場合，どのように対応するか。

□チーム学校について。

[養護教諭]

□養護教諭として働く上で，不安に思っていることは何か。

□性教育の参観日で，校長先生から「何か案を出してくれ」と頼まれた場合，どんな案を出すか。

□夏休み中に他の教員へ指導をしてほしいと頼まれた場合，何をどのように指導するか。(例，エピペンの使い方など)

□学校に看護師が配属された場合の養護教諭の役割とは。

□虐待の疑いのある児童が来室した。どのように対応するか。

□発達障害等，障害のある児童にどのように対応するか。

□日常の健康教室はどのようにするか。

□保護者から「他の先生には言わないで」と言われたら，どのような対応をするか。※挙手制。

□鳥取県で地震が起こったが，自然災害が起こったときの養護教諭の使命を1つ答えてください。※挙手制

◆適性検査(2次試験)
【検査内容】
□YG検査
□SPI
＜受験者のアドバイス・感想＞
・SPIは3問出題。10～15分以内に答えるという内容だった。
・試験時間は60分だった。

◆個人面接(2次試験)　面接官3人　時間20分
【質問内容】
□教員になろうと思ったきっかけは何か。
□鳥取県を志望した理由。
□他都道府県を受験したか。
□免許取得状況は順調か。

□あなたの性格を表す言葉をいくつか挙げてください。

□どのようなボランティアをしてきたか。

□教育実習において，想像していたものと違うことはあったか。

□社会が変化するにあたって，どのような生徒を育てたいか。

　　→そのためにどうするか。

□学校での校務分掌について。

□どのような学校で働きたいか。

□希望勤務地について。東武，中部，西部どこに赴任させられても大丈夫か。

□(他教科免許所持者)その教科の先生にはなろうと思わなかったのか。

[養護志望]

□理想の養護教諭とは？そのためにはどのような努力をしているか。

□日常の健康教室はどのようなことをするか。

□最近の気になる健康課題は何ですか。

　　→それをどう解決しますか。

□保健室の来室者は多い方がいいか，少ない方がいいか。

□大きな事故が起こったら，どう対応しますか。

＜受験者のアドバイス・感想＞

・追質問が多かった。

◆模擬指導(2次試験)　面接官3人　受験者24人　時間3分／人

▼養護除く全科

【課題－場面指導】

□2学期になってから授業準備がおろそかになっていることについて，6年生児童全体に指導を行う。

□下校中に，道いっぱいに広がって歩く，自転車で並進するなど，地域の方から苦情が相次いでいる。1年生に対して下校指導も含め，交通安全について説諭する。

＜受験者のアドバイス・感想＞

・構想6分，発表3分だった。
・テーマがたくさんあり，直前にクジで決定する。
・教師役以外は児童になるが，発言をしてはいけない。

▼養護教諭

【課題－場面指導】

□1．熱中症と水分補給(対象：小学4年生)

□2．早寝早起き朝ご飯(小学全学年)

□3．心のケア(中学生全体)

□4．喫煙・飲酒と健康(高校3年生)

□5．睡眠と健康(高校3年生)

□6．食習慣と健康(中学生)

□7．いのちの大切さ(中学生)

□8．インフルエンザウィルスによる感染症予防(小学2年生)

□9．学校内における食中毒防止(高校2年生)

□10．運動と貧血(中学2年生)

□11．がん教育の重要性(高校2年生)

□12．男女交際(高校3年生)

□13．スマートフォンなどのデジタルポータブルプレーヤーで音楽を
　　聴くことと耳への影響(中学2年生)

□14．ネット社会に伴う問題(中学2年生)

※課題15は対象が小学1年生である。

＜受験者のアドバイス・感想＞

・15個の課題のうち，1つをクジで選んで行った。

◆集団面接　面接官3人　受験者4人　時間60分

【グループワーク課題】

□小学生が地域のフリーマーケットで被災地支援を目的として販売を
　行う。商品名，PR方法をグループで考え，発表しなさい。

※構想2分，話し合い15分，発表3分。

【面接質問内容】

□先ほどのグループワークを通じて考えたこと，反省などを述べてください。

□(中学社会志望)社会科をどう教えていきたいか。

□県の求める教員像について。

□服務規程とは。

□公務員の業務について。

[養護]

□先ほどのグループワークで良かった点，こうしたら良かった点などを教えてください。

□服務規程とは何ですか。

□服務規程で知っているものを答えてください。(順番に)

□「地方公務員法第32条　職員は，その職務を遂行するに当たつて，法令，条例，地方公共団体の規則及び地方公共団体の機関の定める規程に従い，且つ，上司の職務上の命令に忠実に従わなければならない」というものがあります。校長先生が各教職員が反対していることをしようとしています。どうしますか。

□職員会議とは，どのようなものですか。法令に書かれていることではなく，自分の言葉で答えてください。

□心の悩みを抱えた児童生徒が来室したら，どのように対応しますか。

□人権が守られる学校とは？

□「担任の先生には言わないで」と言われたら，どのように対応しますか。

＜受験者のアドバイス・感想＞

・最初の20分間はグループワークを行った。集団面接は60分である。

・座席は受験番号により指定されている。

・養護教諭の不祥事(万引きで逮捕)があったため，服務規程や管理職試験で聞かれるような質問が多かった。

・県で起こったこと(災害，不祥事など)を調べておくとよい。

2017年度　面接実施問題

◆実技試験(1次試験)

▼小学校・特支

〈音楽実技〉

【課題】

□弾き歌い(小学校の歌唱共通教材の中にある,「ふじ山」,「ふるさと」の内,どちらか当日指定した曲を前奏をつけてピアノで弾き歌う)

※くじを引いて決めた曲を前奏をつけてピアノで弾き歌った。

・試験官1名,同じ教室で筆記試験を受けた人たち35名前後の前で弾くので,人前で弾く練習もおこなっておいたほうがよい。男性は右手でメロディーだけ弾いている人もいた。

・最後まで演奏できないまま切られる人も何人かいたので,間違えて止まってしまうことなく演奏できれば大丈夫だと思う。

〈体育実技〉

【課題】

□水泳(平泳ぎ25m)

※携行品は,演奏する楽譜,水泳着,水泳帽である。

・正しいフォームで泳ぐことはもちろん,速く泳ぐことも必要である。

・始めに5m練習することができた。

▼中学国語

【課題】

□書写(毛筆)

※携行品は,毛筆(大筆・小筆),書道用具(墨汁可),黒鉛筆(B又は2B)である。

▼中学理科
【課題】
□抵抗値を求める実験
　机上に実験器具があり，合図で机の上にある問題にある(示してある)ように，回路を組み，電流・電圧を表に記し，グラフから求める。
※携行品は，定規(15cm程度)である。
・落ち着いて問題を読んで指示通りに行えば時間内に終わります。

▼中学英語
【課題】
□英会話

▼中学音楽
【課題1】
□ソナタ(第1楽章)又はそれと同程度の任意の曲をピアノで演奏する。
【課題2】
□弾き歌い(中学校の歌唱共通教材の中から，当日指定した曲をピアノで弾き歌う)
【課題3】
□管・弦・打(マリンバに限る)楽器のいずれかで任意の曲を演奏する。
【課題4】
□和楽器(箏，三味線，篠笛，尺八に限る)で任意の曲を演奏する。
※携行品は，各自が演奏する管・弦・打・和楽器及び楽譜
・マリンバ(4オクターブ)は当方で準備する。
・箏については当方で準備するが持ち込みも可とする。

▼中学美術
【課題】
□表現に関する実技
※携行品は，鉛筆素描用具一式，定規(30cm程度)，色鉛筆12色以上である。

▼中学保体

【課題1】

□水泳

【課題2】

□器械運動

【課題3】

□陸上競技

【課題4】

□球技(バレーボール，バスケットボールの内1種目選択)

【課題5】

□武道(柔道)

【課題6】

□ダンス

※携行品は，運動着上下，運動靴(体育館用，屋外用)，水泳着，水泳帽，柔道着である。

▼高校英語

【課題】

□英会話

▼高校芸術(書道)

【課題】

□書道に関する実技

※携行品は，硯，墨(すってきてもよい)，筆(大，中，小，仮名用)，下敷[半紙用，条幅作品用(全紙)]，分鎮，赤サインペン，黒ボールペンである。

▼養護教諭

【課題】

□養護に関する実技

◆集団討論(1次試験)　面接官2人　受験者7〜8人　時間25分

　▼小学校

【テーマ】

□スマートフォン(携帯電話)

※評価の観点及び教科の主な着眼点

　▼小学校

【テーマ】

□「思いやり」

・司会者をおく，まとめるなどの指示はなかった。

　面接官からの追質問などもなく，受験者の話し合いのみで終了した。

　▼中学社会

【テーマ】

□「少子高齢化」

※初めに面接官が司会の役割をし，後は全て受験者で討論を展開した。

・あまり目立とうとしない方がよい

　▼中学理科

【テーマ】

□「インターネット社会」

※初めに，受験番号順に1分話し，その後自由発言をする。司会は設けない。

・インターネットの功罪，授業にICTを導入するメリット，学校に導入した場合のメリット(近隣学校との連携・テレビ会議が容易)等について。

①思考力・分析力

・多面的かつ柔軟に思考・分析することができるか。

・解決方法を具体的に構想することができるか。

②説明力・発表力

・根拠を示しつつ，自分の考えを的確に説明できるか。

・客観性，具体性があり，説得力のある説明ができるか。

③主体的・協働的に取り組む力

・他者の意見，価値観を理解，受容することができるか。

・時機に応じて，自分の主張や反論ができるか。

・他者の意見を踏まえて討論を進めようとしているか。

・題について自由に話し合うというものでした。各受験区分一斉に同時進行で，その時間ごとで題はちがいました。

◆集団面接(1次試験)　面接官3人　受験者3〜4人　時間30分

　▼小学校

【質問内容】

□鳥取県が求める教師像について一つ選び，そのために自分が今していること，実際に現場にでたらどのようにしていきたいか。

□その選んだ教師像について，具体的にどのようにすればそれができるのか(たとえば選んだものが児童生徒に対する理解と愛情なら，どのようにすれば理解できるのか)。

□学校でいじめが起きた場合，どのように対応していくか。学校と家庭という二面について述べなさい。

□自分の学級の子どもが突然全力であなたを蹴ってきました。あなたはどのような対応をしますか。

□よい授業とはどのような授業だと考えるか。

□一次試験を振り返ってどうでしたか。

・鳥取県が求める教師像というのを頭に入れておくとよいです。質問内容としては，どのような対応をするかというものが多かったです。現場にでたときの対応力などを見られていると思うので，現場の様々な場面を想定できるようにしておいたほうがよいです。

▼小学校

【質問内容】

□教員をいつから，何故志望したのか。

□教員としての自分の長所と短所は何か。

□「特別支援」「モンスターペアレント」「不登校」から1つ選び，そのことについてどう思うか。

□あなたが1年生の担任になったらどのようなことを身につけさせたいか。

□得意なことを1年生に話してほしい。

□どんな授業をしたいか。

□アルバイトで感じたやりがいは何か。

□ストレスの解消法は何か。

▼中学社会

【質問内容】

□教員を目指すきっかけについて。

□社会科を通じて取り組みたいことは何か。

□問題が起きたときの保護者への対応はどうするか。

□教員に必要なものを○○力という言葉で表しなさい。

→その理由は何か。

▼中学理科

【質問内容】

□あなたの特技を教育現場でどう生かすか。

□なぜ中学校を志望したのか。

□理科の楽しさと難しさは何か。また難しさに対する指導上の留意点は何か。

□ICTを使ううえでの注意点は何か。

□授業に遅れてきた生徒にどう声をかけるか。

□多忙な中でどのようにして生徒の興味をひきつけるか。

□20年後どのような教員になっていたいか。

□採用され，4月から生徒の前に立つとして不安はあるか。

※評価の観点及び評価の主な着眼点

①教育に対する情熱・教員としての使命感

・教育的愛情・信念を持って児童生徒に接しようとしているか。

・教員としての誇り，責任感を持って教育に携わろうとしているか。

・常に向上心を持って自己研鑽に努めようとしているか。

②教育の専門家としての指導力

・児童生徒の思いや立場を理解する力を有しているか。

・教科等の専門性を生かして，主体的に学ぶ力や協働的に取り組む力を育むような指導を行うことができるか。

・児童生徒の実態を踏まえながら自主性・自律性を培い，社会的自立に向けた力を育むような学級経営を行うことができるか。

③豊かな人間性・社会性

・感性豊かで温かく，人間的な魅力を有しているか。

・豊かな教養と人権意識を身につけ，バランスのとれた判断ができるか。

・社会人としての常識，規範意識を有しているか。

・礼儀やマナーをわきまえた対応ができるか。

④チャレンジ性・協調性

・今日的な教育上の課題に対して，チャレンジ精神を持って取り組むことができるか。

・幅広い視点で物事に柔軟に対応することができるか。

・組織の一員として，協力しながら教育活動に取り組むことができるか。

⑤人間関係能力

・明朗で，丁寧に対応することができるか。

・相手の考えを受け止めながら，自分の考えを的確に伝えることができるか。

◆個別面接(2次試験)面接官3人　受験者1人　時間30分

　▼中学校

【質問内容】

□志望理由について。

□教育実習で学んだことは何か。

□勤務地はどこを希望するか。

□自治体に関する知識について。

・わからない場合は，正直に伝え，後で確認しておきますと伝えるべきである。

　▼中学理科

【質問内容】

□他の自治体の受験状況について。

□教育実習を通して学んだことは何か。

□生徒と保護者，教職員間で信頼関係を築く方法について。

・落ち着いて，面接官の質問を聴き，その場で思ったこと，思いついたことを，自信を持って話せばいい。

◆集団面接(2次試験)　面接官3人　受験者5人　時間70分

　▼中学理科

【質問内容】

□想定：理科室で実験をしていると，騒がしくなりました。何度も注意しても改善しません。そこで，特に騒がしい生徒1名の腕を掴んで教室の外に連れ出しました。

→この対応について，どう思うか(妥当かどうか)。

→答えの中に体罰という言葉があった。これは，体罰か。

→体罰について規定した法律は何か。

→どんな条文か。

→どんな責任(処分)があるか。

□オリンピック・パラリンピックを通して，生徒にどのようなことを
　伝えたいか。
□気になる生徒(発達障害のことを指していると思われる)にどのよう
　な対応をするか。
□9月12日は何の日か知っているか。
□郷土に愛着を持たせるためにはどのようなことが必要か。
□キャッチコピーを提案しなさい。

◆場面指導(2次試験)　面接官4人　受験者1人　3分構想6分指導
　▼中学校社会
【質問内容】
□「特別支援学級の生徒との交流の意義を生徒へ伝える」
□「望ましい図書館教育の狙いを把握しつつ，市の図書館長を招き，
　講演を依頼する」
※さまざまなテーマがあり，抽選でテーマを決定した。

　▼中学校理科
【質問内容】
〈模擬指導A…生徒に対する指導〉
□中学1年生の数学を少人数学習で行うことを生徒に説明する。
□入学したばかりの生徒に生徒会活動の意義を説明する。
□文化祭活動の目的を説明し，意欲的に参加できるようにする。
□小学校6年生に中学校に入学すると，服装等きまりが増えることを
　説明する。
□「たばこの害」について講演を聞いた中学2年生に，終学活で指導す
　る。
□自転車の傘さし運転が罰せられるようになるなど，自転車の交通ル
　ールについて説明する。
□中学校3年生に修学旅行の意義について説明する。

□体育の先生から，「プールの授業で見学者が10名いた」と知らされ，学級においても意義を説明してほしいと言われ，生徒に話をする。

□自転車小屋の自転車がパンクさせられていたことに対する緊急の全校集会で指導する。

□学級のクラス写真の顔に押しピンが刺されていた。誰がしたかは分からないが終学活で指導する。

□中学3年生の1月，推薦入学で合格した生徒が授業の妨害をした。学ぶことの意義と進路に関して指導する。

□委員会活動が低迷しています。活発になるように，委員長・副委員長に指導する。

□地域の住民から，生徒に挨拶をしても返ってこない，残念だという連絡があった。全校集会で指導する。

□掃除への真剣さが見られなくなり，美化委員が全校集会で呼びかけた後，学級で指導する。

□合唱コンクールの第1回目の練習の前に，リーダー中心で団結することの大切さを指導する。

□学級で整理整頓が乱れている。意義を生徒に伝え，意欲的に整理整頓できるようにする。

□学級通信第1号を終学活で配るときに，担任としての思いを生徒に伝える。

□中学3年生の女子が体型のことを気にして給食を残す。食生活の大切さを生徒に伝える。

□中学2年生の後期の生徒会選挙に立候補しません。立候補する意義を生徒に伝える。

□受験に向けて学年集会で，学年全体の雰囲気を高めるような話をする。

□発言の大切さを学級会体に広がるような話をする。

□中学3年生の11月に，進路を決め兼ねている生徒の保護者に，進路選択が円滑に進むように協力と支援を求めるような話をする。

〈模擬指導B…地域の人への話〉

□給食の野菜を作る農家にゲストティーチャーとして話しをしてもらう交渉

□交通ルールが悪いという地域の人の指摘をきいて。

□買い食いを指摘した地区長に，協力を求める。

□卒業生の中に，障害者スポーツで活躍する選手に講演を求める。

模擬指導A

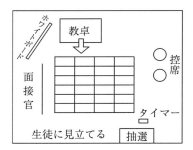

模擬指導B

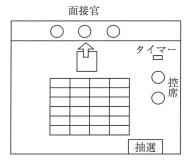

◆適性検査(2次試験)　時間50分

【検査内容】

□論理的思考

2016年度　面接実施問題

◆実技試験(1次試験)

▼小学校教諭・特別支援学校教諭

【外国語活動課題】

□問題1　放送される英語を聞いて，No.1～No.8のそれぞれの問いに対して，最も適するものを(A)～(D)の中から1つずつ選び，記号で答えなさい。

No.1　英語の表現に当てはまる絵を選びなさい。

(A)　(B)　(C)　(D)

No.2　「ぼうし・カップ・グローブ・地球儀」と順に言っているものを選びなさい。

No.3　3つのヒントを聞いて当てはまるものを選びなさい。

　(A)　koala　　(B)　zebra　　(C)　panda　　(D)　skunk

No.4　「歯医者・画家・獣医」と順に言っているものを選びなさい。

No.5　「3時5分」と正しく言っているものを選びなさい。

No.6　賞賛していない表現を選びなさい。

No.7　「一緒にチャンツを言いましょう。」と正しく言っているものを選びなさい。

No.8　下に示した「パフェ」の内容を正しく言っているものを選びなさい。

□問題2　放送される英語を聞いて，次の問いに答えなさい。

No.1　名前と誕生日を線で結びなさい。

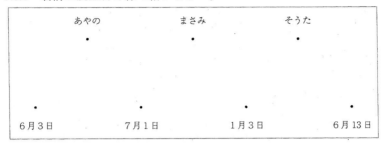

No.2　さくらさんの好きなものには○，嫌いなものには×を書きなさい。

　　　サッカー　　ケーキ　　メロン　　湖　　レモン

※外国語活動実技試験は，放送による聞き取り問題で，すべて放送による指示で行われる。

※放送中はメモをとってもかまわない。

※放送はそれぞれ1回のみ行われる。

〈解答〉問題1　No.1　A　　　No.2　C　　　No.3　C　　　No.4　A

　　　No.5　D　　　No.6　B　　　No.7　A　　　No.8　D

　　問題2　No.1

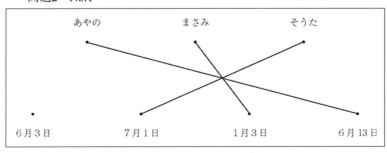

No.2　サッカー　○　　　ケーキ　○　　　メロン　×　　湖　×

　　レモン　○

【音楽課題】

□弾き歌い

　小学校の歌唱共通教材の中にある，「もみじ」，「ふるさと」のうち，当日指定した曲を前奏をつけてピアノで弾き歌う。

※携行品は，演奏する楽譜である。

【体育課題】

□ボール運動

□器械運動

□水泳(25m)

※携行品は，運動着上下，運動靴(体育館用)，水泳着，水泳帽である。

【図工課題】

□テーマ「繊細な指づかい」

　次の制作条件に従いながらテーマを鉛筆で表現しなさい。

〈制作条件〉

(1)　紙コップを片手で持っている様子を描くこと(持ち方は自由)。

(2)　手や紙コップの陰影を携行品に示された用具を使用して表現すること。

(3)　紙コップは変形をさせないこと。

(4)　画用紙は縦に使用し，表面右下に余白(縦5cm×横10cm程度)を残し，受験番号と作品の簡単な解説を書くこと。解説には「繊細な指づかいを表現するために工夫したこと」を必ず記入すること。

※携行品は，黒鉛筆(HB，B，2B，4B)，消しゴム，ティッシュペーパー，携帯用鉛筆削りである。

▼中学理科

【課題】

□机上の準備物を用いて，「真下に落下する物体の運動を調べる実験」と，次の[作業]を行い，あとの各問いに答えなさい。なお，制限時間は片付けも含めて7分間とする(残り1分で片付けの合図をする。)。

〈準備物〉

　記録タイマー(1秒間に60打点する)，記録テープ，スタンド，おもり，

のり，はさみ，ぞうきん(床に置き，クッションとする)

〈作業〉

[　記録テープをおもりが落下し始めてから0.1秒ごとに切り，下のグラフ用紙に左から順に下端をそろえて0.3秒まで貼りつけなさい。]

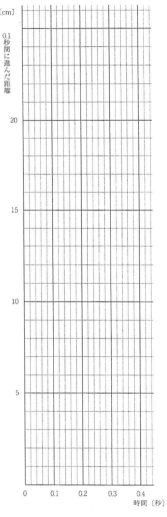

(1) 0.1秒ごとの記録テープの長さを定規で測り，その値を下の表に書き込みなさい。なお，値は小数第1位まで書きなさい。

表

おもりが落下し始めてからの時間〔秒〕	0	0.1	0.2	0.3
記録テープの長さ〔cm〕				

(2) (1)の値を用いて，おもりが落下し始めてから0.3秒後までの平均の速さ(cm/s)を答えなさい。なお，数値は小数第2位を四捨五入し，小数第1位まで求めなさい。

※携行品は，定規(15cm程度)である。

・1グループ6名で行われた。

・それぞれの机の上に実験器具が置いてある。それを使って実験を行う。簡単な実験だが，いざとなるとどう行えばよいかわらなくなった。教科書にのっている実験器具の取り扱いを復習しておくとよいと思った。

▼中高英語
【課題】
□英会話

▼中学技術
【課題　1】
□次の図の製品を，板材(12mm×220mm×1210mm)を使って製作しなさい。

(1) 材料取り図をかきなさい(縮尺は自由，大まかな寸法を入れること。フリーハンドでよい。)。

(2) さしがね，両刃のこぎり，かんな，ドレッサ，きり，げんのうを使用して製作しなさい。

　接合には，くぎと木工用接着剤を使用しなさい。必要に応じて，

万力，クランプ，くぎ抜き，当て板，雑巾を使用してよい。

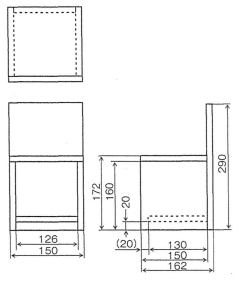

【課題　2】

□封筒の中に入っている材料を使い，同封の説明書の指示に従って各
　部品を基盤に適切にはんだ付けして実装し，回路を完成させなさい。
　ただし，工具は以下の通りとする。

　工具…はんだごて，はんだごて台，はんだ吸い取り線，ニッパ，ラ
　　　　ジオペンチ，ドライバー，回路計

【課題　3】

□次の指示に従い，制御用ロボットのプログラムを制作し，シミュレー
　タで動作を確認する。確認後，制御用ロボットにプログラムを書
　き込み制御用ロボットを動かしなさい。

(1) ①0.5秒間前進，②0.5秒間右に曲がる，③1秒間停止，④1.5秒間左
　　に曲がる，⑤1秒間前進するプログラム。この動きを4回繰り返す。
　　「pro1」のファイル名で使用しているコンピュータのデスクトップ
　　上に保存する。シミュレータは，「コース選択」→「フリーコース」
　　を使用すること。

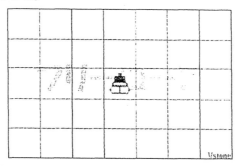

(2) センサを用い，前進して黒いラインでストップするプログラム。
　　「pro2」のファイル名で使用しているコンピュータのデスクトッ
　　プ上に保存する。シミュレータは，「コース選択」→「ステップ
　　3(ループ・分岐)」を使用すること。

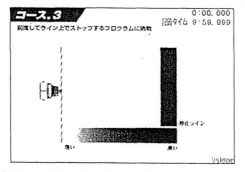

(3) センサを用い，黒い円周に沿って左回りに進むプログラム。
　　「pro3」のファイル名で使用しているコンピュータのデスクトッ
　　プ上に保存する。シミュレータは，「コース選択」→「左回りのラ
　　イントレース」を使用すること。

177

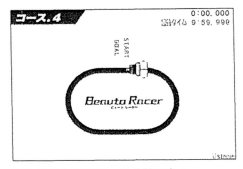

※携行品は，作業ができる服装，運動靴である。

▼中学家庭

【課題】

□与えられた布，材料を使い，次の図のような出来上がりが(250mm×180mm)となるナップザックを製作しなさい。

製作にあたっては，次のa〜cの内容を取り入れるものとする。

a　縫い目の大きさは，1目3〜5mm程度とすること。

b　口あき部分は6cmとすること。

c　ポケットをつけること。大きさ・位置は自由とする。ただし，飾りボタンをつけ，受験番号を刺繍すること。

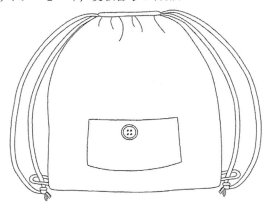

※ミシン縫いと同様，返し縫いが必要な箇所は重ね縫いをすること。
※試験終了時には，与えられた材料等，すべて袋に入れて提出する。
※作品は，制限時間終了時点の状態で提出する。
※しつけがある場合は取らずに提出する。
※携行品は，裁縫道具(縫針，まち針，カタン糸(黒60番)，しつけ糸，指ぬき，裁ちばさみ，糸切りばさみ，ルレット，チャコ，布用複写紙(両面用)，ひも通し，定規(30cm程度)，工作用のはさみ)である。

▼高校家庭
【課題】
□次の①〜④の指示に従い，袋を製作しなさい。
　①　型紙を使い，裁断，しるしつけを行う。
　②　手縫いによる縫製とする。
　③　袋の両端は，片方は並縫いとし，もう片方は半返し縫いとする。
　④　袋は三つ折りにして，片方はまつり縫いとし，もう片方は千鳥がけとし，ひもを通すことができるようにする。
※問題及び与えられた材料等は，すべて封筒に入れて提出する。
※制限時間は60分である。作品は，制限時間終了時点の状態で提出する。
※携行品は，裁縫道具(縫針，まち針，カタン糸(黒60番)，しつけ糸，指ぬき，裁ちばさみ，糸切りばさみ，ルレット，チャコ，布用複写紙(両面用)，ひも通し，定規(30cm程度)，工作用のはさみ)である。

▼中学音楽
【課題】
□ピアノ演奏
　ソナタ(第1楽章)又はそれと同程度の任意の曲をピアノで演奏する。
□弾き歌い
　中学校の歌唱共通教材の中から，当日指定した曲をピアノで弾き歌う。

□管・弦・打楽器演奏

　管・弦・打(マリンバに限る)楽器のいずれかで任意の曲を演奏する。

□和楽器演奏

　和楽器(箏，三味線，篠笛，尺八に限る)で任意の曲を演奏する。

※10人1組で行う。

※ピアノは昼に2分練習時間あり。入りはけ込3分。

※弾き歌いは1番のみ。

※管弦打楽器は練習室開放。入りはけ込み3分。

※和楽器は練習室開放。入りはけ込約3分だが，曲を終えるまで少し
　延びてもカットされなかった。

※すべて審査員は2名。入室は1人ずつ。

※携行品は，各自が演奏する管・弦・打・和楽器及び楽譜である。

※マリンバ・箏は試験実施者側で準備する。

▼中学保体

【必須課題】

□水泳

□器械運動

□陸上競技

□ダンス

【選択課題】

□球技(バレーボール，バスケットボール，サッカーのうち1種目選択)

□武道(柔道，剣道のうち1種目選択)

※携行品は，運動着上下，運動靴(体育館用，屋外用)，水泳着，水泳
　帽，柔道の選択者は柔道着，剣道の選択者は竹刀である。

▼中学美術

【課題】

□鳥取県の"よさ"をPRするポスターを作成しなさい。

〈条件〉

・具象，抽象を問わない。

・コピー(文案)を必ず入れること。

※使用する用具は，鉛筆，色鉛筆，消しゴム，定規とする。

※用紙は縦・横どちらの方向で使用してもよい。

※画用紙裏面の左下に，「作品の解説」を記入すること。

※画用紙裏面の右下に，「受験番号」を記入すること。

※携行品は，鉛筆素描用具一式，定規(30cm程度)，色鉛筆8色以上である。

▼養護教諭

【課題】

□養護に関する実技

◆集団討論(1次試験)　面接官2人　受験者6〜8人　25分

※中学校教諭，高等学校教諭，養護教諭について実施する。

※評価の観点は，①教育問題，児童生徒に対する理解力，②思考力・分析力，③説明力・発表力である。

▼中学理科

【テーマ】

□発達障害があると疑いのある生徒がいた時に特別支援教育の視点をふまえてどのような学級づくりをしていくか。

※はじめに1枚の紙をもらう。その中に集団討論に関する題が数個ありその中から1つ選ばれて集団討論する。

・積極的に発表するように指示があるのでそうした方がよいと思った。

▼中学音楽

【テーマ】

□チャレンジ精神を育成するための学級担任としての取り組みを討議
　せよ。

□互いを尊重しあえるために，学級担任としての取り組みを討議せよ。

□特別支援教育を要する生徒への学級担任としての取り組みを討議せ
　よ。

◆集団面接(1次試験)　面接官3人　受験者3〜4人　30分

　※評価の観点は，①教育に対する情熱・教員としての使命感，②教育
　　の専門家としての指導力，③豊かな人間性・社会性，④チャレンジ
　　性・協調性，⑤人間関係能力である。

▼中学理科

【質問内容】

□教育実習で学んだこと。

□理科の実験で生徒がけがをした時の対応。

□はじめてのクラスで親睦を深めるためにすること。

□経験のない部活動でどう指導していくか。

□他の先生が学年で決めたことに対して反抗しているときの対応。

▼中学音楽

【質問内容】

□あなたの魅力を，具体的な経験に即して述べよ。

□あなたの良いところ，悪いところを述べよ。

□合唱コンクールで中学校3年男子が練習しない。担任としてどう指
　導するのか述べよ。

□同僚から楽器をしたいと相談。あなたの専攻楽器の良さを伝えよ。

□保護者からいじめがあると電話。どう対応するか述べよ。

□保護者とコミュニケーションを築くためにどう取り組むか述べよ。

□職員同士のコミュニケーション向上のために取り組むことを述べ
　よ。

◆場面指導(2次試験)　面接官3人　受験者20人　60分

　※評価の観点は，①教育の専門家としての指導力，②教育に対する情熱・教員としての使命感，③豊かな人間性である。

　▼小学校教諭・中学校教諭・養護教諭

〈模擬指導A〉

※1人ずつ順番に先生役になり，課題に示された内容の模擬指導や説明等を行う。

※1人3分の持ち時間とする。はじめにテーマの番号を言い，模擬指導等をはじめる。必要に応じて，板書あるいは発問を行ってもよいが，他の受験者からの挙手や発言等はないものとする。

〈模擬指導B〉

※1人ずつ順番に先生役になり，課題に示された内容の説明等を行う。

※1人3分の持ち時間とする。はじめにテーマの番号を言い，説明等をはじめる。

　▼中学理科

〈A・Bの区分不明〉

□2年生に職場体験学習を実施する意義を説明したい。

※6分間考える時間あり。

※3分間すべて使い切らなくてもよく，自分で終了といって終わってもよい。

　▼中学音楽

〈模擬指導A〉

【課題】

□生徒，保護者の対応。

□生徒会が小学校のあいさつ，運動に参加することに。担任としてあいさつの意義を話せ。

※課題は皆別々。考える時間6分あり。

〈模擬指導B〉

【課題】

□外部への依頼について。

□給食を残す生徒が多い。そこで給食の野菜を育てている方に講演を
　依頼せよ。

※6分間の考える時間あり。

※課題は皆別々。

▼特別支援学校教諭

〈模擬指導A〉

※1人ずつ順番に先生役になり，課題に示された内容の模擬指導や説
　明等を行う。

※1人3分の持ち時間とする。はじめにテーマの番号，各自がイメージ
　する児童生徒の障がい種・障がいの程度(問題によっては設定済み)
　を告げてから模擬指導等をはじめる。必要に応じて，板書あるいは
　発問を行ってもよいが，他の受験者からの挙手や発言等はないもの
　とする。

〈模擬指導B〉

※1人ずつ順番に先生役になり，課題に示された内容の説明等を行う。

※1人3分の持ち時間とする。はじめにテーマの番号，各自がイメージ
　する児童生徒の障がい種・障がいの程度(問題によっては設定済み)
　を告げてから説明等をはじめる。

◆集団面接(2次試験)　面接官3人　受験者4人　50分

　※評価の観点は，①教育に対する情熱・教員としての使命感，②教育
　　の専門家としての指導力，③豊かな人間性・社会性，④チャレンジ
　　性・協調性，⑤人間関係能力である。

▼中学音楽

【質問内容】

□学校教育法で知っている条文を述べよ。

□学校教育法は何を書いている法律か。

□職員会議に反した決定を下した校長がいた。職員会議は必要か。また，従う必要はあるか。

□職員会議について書いてある法律は何か。

◆個人面接(2次試験)　面接官3人　20分

▼中学理科

【質問内容】

□併願先。

□鳥取県のどこでも勤務可能か。

□普通自動車免許の有無。

□やる気のない部活動の生徒への指導。

□鳥取県の中学生の現状。

□理科に関してやる気のない生徒にどう対応していくか。

▼中学音楽

【質問内容】

□携帯電話を持ってきている子への対応は。→その保護者にはどう対応するか。

□大きな声で歌うことについてどう思うか。

□実習で学んだことは何か。

・質問は掘り下げてされる。質問に答えると，即座に「～の場合は」「他は？」と言われる。

◆適性検査(2次試験)　60分

【検査内容】

□国語や数学などの問題をひたすらとく問題

□自己の性格を確認するような問題

2015年度　面接実施問題

◆実技試験(1次試験)

▼小学校教諭・特別支援学校教諭

【外国語活動課題】

□放送される英語を聞いて，No.1～No.10のそれぞれの日本語の内容に最も適するものを(A)～(D)の中からそれぞれ1つずつ選び，記号で答えなさい。解答は，すべて解答用紙の解答欄に記入しなさい。(A)～(D)の英語は，それぞれ1回だけ放送されます。

No.1　「火曜日・木曜日・水曜日」と順に英語で言っているものを選びなさい。

No.2　「理科・体育・社会」と順に英語で言っているものを選びなさい。

No.3　「12月2日」を正しく表現しているものを選びなさい。

No.4　「あなた番ですよ。」という表現を選びなさい。

No.5　相手に地図を見せながら道案内をしてもらおうとする時に「自分たちが今どこにいるのか」をたずねる最も適切な表現を選びなさい。

No.6　"How are you?"と話しかけられた時の返事として適切でないものを選びなさい。

No.7　次に示したTシャツの図柄を正しく表現しているものを選びなさい。

No.8　「あなたはどこに行きたいですか。」という表現を選びなさい。

No.9　「よく聞いて，言葉を繰り返して言いなさい。」と先生が指示

している表現を選びなさい。

No.10 「テキストの8ページを開きなさい。」と先生が指示している
表現を選びなさい。

※外国語活動実技試験は，放送による聞き取り問題で，すべて放送
による指示で行われる。

※放送中はメモをとってもかまわない。

〈解答〉

No.1	A	No.2	C	No.3	C	No.4	D	No.5	C
No.6	B	No.7	D	No.8	A	No.9	B	No.10	D

【音楽課題】

□弾き歌い

　　小学校の歌唱共通教材の中にある，「春の小川」，「もみじ」，「ふ
るさと」の中から，当日指定した曲を前奏をつけてピアノで弾き歌
う。

　　※携行品は，演奏する楽譜である。

【体育課題】

□ボール運動

□器械運動

□水泳(25メートル)

　　※携行品は，運動着上下，運動靴(体育館用)，水泳着，水泳帽であ
る。

【図工課題】

□感じたこと，想像したことを絵で表す実技

　　※携行品は，鉛筆(B及び2B)，色鉛筆(12色以上)，サインペン(6色以
上)，クレヨン(6色以上)，パス(6色以上)である。

▼中学理科

【課題】

□机上の器具を用いて，「力の大きさとばねののびとの関係を調べる」
実験を行い，実験の結果を表に記録しなさい。また，実験結果をグ

ラフに表し，フックの法則の式(F(N)＝k×x(m))で表したときの実験
に用いたばねの「k(ばね定数)」を求めなさい。

　なお，100gの物体にはたらく重力の大きさは，1Nとして考えなさ
い。

　制限時間は片付けも含め7分間です。残り1分で，片づけの合図を
します。

〈結果〉

表

ばねにはたらく重力(N)					
ばねののび(m)					

〈グラフ〉

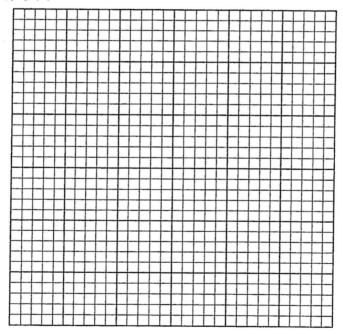

〈ばね定数〉

式…

答え…
※スタンド，ばね，定規，おもり(10g×5個)が準備されている。
※グラフには，横軸と縦軸の名称や数値も書き入れる。
※ばね定数は，単位もつけて答える。
※携行品は，定規(15cm程度)である。

▼中高英語
【課題】
□英会話

▼中学技術
【課題】
□「材料と加工に関する技術」「情報に関する技術」「エネルギー変換に関する技術」に関する実技
　※携行品は，定規(30cm程度)，作業ができる服装，運動靴である。

▼中学家庭
【課題】
□被服に関する実技
　※携行品は，裁縫道具(縫針，待ち針，カタン糸(黒60番)，しつけ糸，指ぬき，裁ちばさみ，糸切りばさみ，ルレット，チャコ，布用複写紙(両面用)，ひも通し，定規(30cm程度))である。

▼高校家庭
【課題】
□被服に関する実技
　※携行品は，裁縫道具(縫針，待ち針，カタン糸(黒60番)，しつけ糸，指ぬき，裁ちばさみ，糸切りばさみ，ルレット，チャコ，布用複写紙(両面用)，ひも通し，定規(30cm程度))である。

▼中学音楽

【課題1】

□ピアノ演奏

　　ソナタ(第1楽章)又はそれと同程度の任意の曲をピアノで演奏する。

【課題2】

□弾き歌い

　　中学校の歌唱共通教材の中から，当日指定した曲をピアノで弾き歌う。

【課題3】

□管・弦・打楽器演奏

　　管・弦・打(マリンバに限る)楽器のいずれかで任意の曲を演奏する。

【課題4】

□和楽器演奏

　　和楽器(箏，三味線，篠笛，尺八に限る)で任意の曲を演奏する。

　　※携行品は，各自が演奏する管・弦・打・和楽器及び楽譜である。

　　※マリンバ・箏は試験実施者側で準備する。

▼中学保体

【課題】

□水泳

□器械運動

□陸上競技

□球技(バレーボール，バスケットボール，サッカーのうち1種目選択)

□武道(柔道，剣道のうち1種目選択)

□ダンス

　　※携行品は，運動着上下，運動靴(体育館用，屋外用)，水泳着，水泳帽，柔道の選択者は柔道着，剣道の選択者は竹刀である。

▼中学美術

【課題】

□表現に関する実技

　※携行品は，鉛筆素描用具一式，定規(30cm程度)，色鉛筆8色以上である。

▼養護教諭

【課題】

□養護に関する実技

◆集団討論(1次試験)　面接官2人　受験者8人　25分

　※中学校教諭，高等学校教諭，養護教諭について実施する。

　※評価の観点は，①教育問題，児童生徒に対する理解力，②思考力・分析力，③説明力・発表力である。

▼高校商業

【テーマ】

□学力向上のために学校が取り組むべきこと。

◆集団面接(1次試験)　面接官3人　受験者4人　30分

　※評価の観点は，①教育に対する情熱・教員としての使命感，②教育の専門家としての指導力，③豊かな人間性・社会性，④チャレンジ性・協調性，⑤人間関係能力である。

▼高校商業

【質問内容】

□教職を志すために今行っていることは何か。

□高校生に身につけさせたい力とはなにか。

　→それを身につけさせるために，どんなことをさせるか。

□いじめで不登校になる生徒が多いが，その子に対してどんな言葉を

かけてあげられるか。

□商業教科の楽しさとはなにか。

　→それを伝えるために工夫していること。

□教科でも生徒指導でもいろいろなところで生徒と関わるが，どんな指導をするか。

◆模擬授業(2次試験)　面接官3人　受験者16人　各70分

　※評価の観点は，①教育の専門家としての指導力，②教育に対する情熱・教員としての使命感，③豊かな人間性である。

　▼小学校教諭

〈模擬指導A〉

□児童への学級指導，または保護者への懇談会を想定した模擬指導。

　・体験談や思い出話を話に入れるなどすると，より理解しやすくなってよいと思う。

〈模擬指導B〉

□講演依頼など，外部の人との面談を想定した演技。

◆集団面接(2次試験)　面接官3人　受験者4人　50分

　※評価の観点は，①教育に対する情熱・教員としての使命感，②教育の専門家としての指導力，③豊かな人間性・社会性，④チャレンジ性・協調性，⑤人間関係能力である。

　▼小学校教諭

【質問内容】

□公務員の義務を7つ言いなさい。

□体罰の定義はなにか。

□具体的にどのような行為が体罰に当たるか。

□部活動で，ある1人の生徒だけ試合に出られなくなってしまった。それをうけ，他の生徒も試合に出ないと言いだした。どうするか。

◆個人面接(2次試験)　面接官4人　20分

※1分間の自己PRを含む。

※評価の観点は，①教育に対する情熱・教員としての使命感，②教育の専門家としての指導力，③豊かな人間性・社会性，④チャレンジ性・協調性，⑤人間関係能力である。

▼小学校教諭

【質問内容】

□(他県出身の場合)鳥取県に来た理由を述べよ。

□どこの地域でも勤務可能か。

□自分の課題となることは何か。

□教員の不祥事についてどう思うか。

□校種間連携はなぜ必要か。

・鳥取県の志望動機の回答として，採用説明会に出席して県の取り組みについて情報を集め，明確に答えられるようにした方がよい。

・自己PRでは，興味をもってもらえそうなポイントを端的に言ったほうがよい。

◆適性検査(2次試験)　60分

【検査内容】

□数学的な問題，国語的な問題

□簡単な自分の性格についての質問

※実施時間は，説明を含んだ時間である。

2014年度　面接実施問題

◆実技試験(1次試験)

▼小学校教諭

【図画工作課題】

□「別世界の扉を開いたら」というテーマをもとに場面を設定し，次の条件を満たしながら画面の構成や素材の特徴を生かして表現しなさい。

条件①　Aの画用紙に一つ以上の扉をつくること。

条件②　A，Bどちらかの見える部分に自分自身を描き入れること。

※「素材」とは，鉛筆，色鉛筆，画用紙などの表現材料をさす。

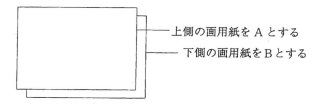

　　　――上側の画用紙を A とする
　　　――下側の画用紙を B とする

※作成の手順

・表現したい世界や雰囲気に合う扉と効果的な画面構成を考える。

・2枚の画用紙のうちAの画用紙に扉を描き，カッターやはさみを使用して開閉出来るように加工する(扉の数は1個以上とする)。

・AまたはBの画用紙の見える部分に自分自身を描く(全身でも部分でも可)。

・素材の特徴を生かした表現方法を考える。

・必要に応じて形や濃淡を考えながら表現する。

・Aの画用紙の裏とBの画用紙の表の左右の端2cm程度にのりを付

け貼り合わせる(下記「画用紙の貼り合わせ方」参照)。
・Aの画用紙の表，右下に余白(縦5cm×横10cm程度)を残し，受験番号と作品の簡単な解説を書く。解説には「表現しようとした世界や雰囲気」，「工夫したこと」を必ず記入すること(下記「画用紙の使い方」参照)。

○画用紙の貼り合わせ方

横に使った場合

のりしろ

縦に使った場合

のりしろ

○画用紙の使い方

縦に使った場合

(表)

受験番号
作品の解説

横に使った場合

(表)

受験番号
作品の解説

※携行品は黒鉛筆(Bおよび2B)，スティックのり，はさみ，カッターナイフ，カッターマット(B4程度)，色鉛筆(12色以上)，定規(20cm程度)であった。

【外国語活動課題】

※外国語活動実技試験は，放送による聞き取り問題で，すべて放送による指示で行われる。

□放送される英語を聞いて，No.1〜No.10のそれぞれの日本語の内容に最も適するものを(A)〜(D)の中から1つずつ選び，記号で答えなさい。(A)〜(D)の英語は，それぞれ1回だけ放送されます。

No.1 「1月・7月・11月」と順に英語で言っているものを選びなさい。

No.2 「2番目・3番目・30番目」と順に英語で言っているものを選びなさい。

No.3 「英語のほめ言葉」を選びなさい。

No.4 「まっすぐ行って，左に曲がり，そのあと右に曲がってください。」という道案内の表現を選びなさい。

No.5 「パイナップルが好きです。」という表現を選びなさい。

No.6 「7時5分」を正しく表現している英語を選びなさい。

No.7 「何がほしいですか。」と相手に尋ねるとき，最もていねいな言い方を選びなさい。

No.8 「2人組を作りなさい。」と先生が指示している表現を選びなさい。

No.9 「机をグループの形にしなさい。」と先生が指示している表現を選びなさい。

No.10 「相手を見て。」と先生が指示している表現を選びなさい。

※放送中メモをとってもかまわない。

【音楽課題】

□弾き歌い

　小学校の歌唱共通教材の中にある「春の小川」「もみじ」「ふるさと」の中から，当日指定した曲を前奏をつけてピアノで弾き歌う。

　※当日準備するものは，演奏する楽譜であった。

【体育課題】

□ボール運動

□器械運動

□水泳(25m)

　※携行品は，運動着上下，運動靴(体育館用)，水泳着，水泳帽であった。

▼中学理科

【課題】

□顕微鏡を正しく操作して，「植物の根の先端」のプレパラートを観察し，その中から細胞分裂の途中段階の細胞を1つ選び出し，下の枠内にスケッチして記録しなさい。制限時間は準備・片付けも含め10分間とする。残り1分の合図で片付けを行うこと。

　※準備するものは顕微鏡・プレパラート(細胞分裂の様子)。

　※携行品は定規(15cm)程度であった。

▼中高英語

【課題】

□英会話

▼中学技術

【課題1】

□板材(12mm×210mm×1200mm)を使い，次の構想図にしたがって，木工作品を製作しなさい。

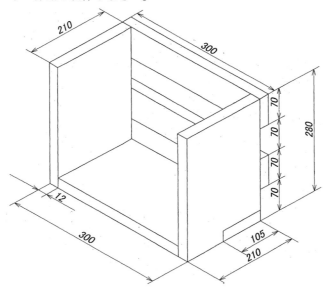

※底板と側板は両方とも相がきつぎ(二枚組つぎ)とする。

※板の厚さは12mmとする。

(1) 簡単な「木取り図」をかきなさい(縮尺は自由とするが，必要な寸法を記入すること。フリーハンドでよい)。

(2) 使用する工具は，さしがね，両刃のこぎり，かんな，ドレッサー，きり，げんのう，クランプ，本手万力，くぎ抜きとする。接合には，くぎと木工用接着剤を使用し，確実に固定した状態にすること。

【課題2】

□下の回路図は，トランジスタ増幅回路図である。これを以下の部品を使用し，基板に適切にはんだ付けして実装しなさい。

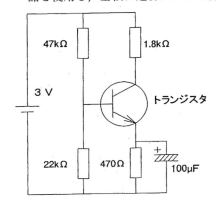

※部品は，基板，NPN型トランジスタ，抵抗器(47kΩ，22kΩ，1.8kΩ，470Ω)，電解コンデンサ(100μF)，電池ボックス(単三2本，3V用)，単三電池2本，リード線(必要があれば使用可)であった。

※工具等は，はんだごて，はんだごて台，はんだ吸い取り線，ニッパ，ラジオペンチ，回路計であった。

【課題3】

□照度センサ，温度センサ，LED，ブザーなどを備えたプログラミング学習教材「計測制御プログラマー」を用いて，各問いの要件を満たすプログラムを作成しなさい。

※使用するものは，①「計測制御プログラマー」本体(電池セット済み)，②ノート型パソコン，③「計測制御プログラマー」とパソコンを接続するUSBケーブル，④「プログラム学習の手引き」，⑤CD-Rである。

※具体的な操作方法は，④の「手引き」を見て理解し，作成したプログラムは，必ず指定のファイル名で，それぞれ使用したコンピュータのデスクトップと，CD-Rに保存する。

(1)　照度センサの値が，80以上であれば，赤のLEDが2秒間点灯し，80以下であれば緑のLEDが2秒間点灯するプログラムを作成し，「prog1.vbd」というファイル名で，デスクトップとCD-Rに保存しなさい。

(2)　ある国の歩行者用交通信号機は，緑色の「進行可」の合図が5秒間点灯し，その後黄色の「安全ならば進行可」の合図が2秒間点灯する。そして次に，赤色の「進行不可」の合図が5秒間点灯することになっている。この信号機を「計測制御プログラマー」のLEDに置き換えて，プログラムを作成し，「「prog2.vdb」というファイル名で，デスクトップとCD-Rに保存しなさい。

(3)　(2)で作成したプログラムを，照度100以下の時にのみ動作するように，プログラムを変更し，「prog3.vbd」というファイル名で，デスクトップとCD-Rに保存しなさい。

※当日準備する物は定規(30cm程度)，作業が出来る服装，運動靴であった。

▼中学家庭
【課題】
□与えられた型紙と布，材料を使い，次の図のようなハーフパンツをミニモデルで製作する。その際に次の①〜⑨の内容を取り入れるものとする。

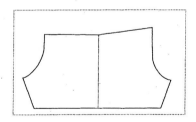

①ミニモデルの状態で，全体が4cm大きくなるよう補正して仕上げる。ただし，丈は変えないこと。
②型紙に，縫い代量を記入しておくこと。

　③胴囲，裾は三つ折りにすること。ただし，右側の裾は半返し縫
　　い。左側の裾は折ったり縫ったりしないで裁断した状態のまま
　　提出すること。

　④胴囲は並縫いでゴム1本通しになるようにし，前股上にゴム通
　　し穴(1.5cmの平ゴムが通るものとする)をつくること(ゴムは通
　　さないで提出。)。

　⑤股下の縫い代は一方を袋縫い，もう一方を折り伏せ縫いで仕上
　　げること。

　⑥股上は重ね縫いにすること。

　⑦股上の縫い代始末はしなくてもよい。

　⑧股部分には，共布で補強テープをつけること。

　⑨手縫いは，ひと目0.8cm以内にすること。

　※糸は1本取りで行う。

　※与えられた材料等，すべて袋に入れて提出する。

　※作品は制限時間終了時点の状態で提出する。

　※携行品は，裁縫道具(縫針，まち針，カタン糸(黒60番))，しつ
　　け糸，指ぬき，裁ちばさみ，糸切りばさみ，ルレット，チャコ，
　　布用複写紙(両画用)，ひも通し，定規(30cm程度)であった。

▼中学音楽

【課題1】

□ピアノ演奏

　ソナタ(第1楽章)またはそれと同程度の任意の曲をピアノで演奏す
　る。

【課題2】

□弾き歌い

　中学校の歌唱共通教材の中から，当日指定した曲をピアノで弾き
　歌う。

【課題3】
□楽器演奏
　管・弦・打(マリンバに限る)楽器のいずれかで任意の曲を演奏する。
【課題4】
□和楽器演奏
　箏，三味線，篠笛，尺八を選択し任意の曲を演奏する。
　※携行品は，各自が演奏する管・弦・打・和楽器および楽譜であった(マリンバ・箏は自治体で準備する)。

▼中学保体
【課題】
□水泳
□器械運動
□陸上競技
□球技
　バレーボール，バスケットボール，サッカーのうち1種目選択
□武道
　剣道，柔道のうち1種目選択
□ダンス
　※当日準備する物は，運動着上下，運動靴(体育館用，屋外用)，水泳着，水泳帽，柔道の選択者は柔道着，剣道の選択者は竹刀であった。

▼中学美術
【課題】
□「造花」と「直線」を用いて画面を構成し，鉛筆や色鉛筆の特性を生かし，着彩しなさい。
　※使用する用具は鉛筆，色鉛筆，消しゴム，定規とする。
　※作品のテーマを設定すること。

　　　　※モチーフは造花のみで制作し，造花について必ず一輪は写実的
　　　　　に描くこと。
　　　　※直線は1本以上，定規を使用して描くこと。
　　　　※用紙は縦・横どちらの方向で使用してもよい。
　　　　※画用紙裏面の左下に「テーマ」及び「作品の解説」を，右下に
　　　　　「受験番号」を記入すること。
　　　　※携行品は鉛筆素描用具一式，定規(30cm程度)，色鉛筆(8色以上)
　　　　　であった。

　▼養護教諭
　　【課題】
　　□養護に関する実技

◆集団討議(1次試験)　25分
　▼中学校・高等学校・養護教諭
　　【テーマ】
　　□教育問題に関する討議
　　　※討議において司会者は設定しないので，受験者同士でテーマに
　　　　沿って討議を進めること。
　　　※1回の発言は1分程度で簡潔に述べること。
　　　※試験終了後も，全受験者の試験が終了するまで，この試験に関
　　　　する情報交換は禁止する。

◆模擬指導(2次試験)　5分
　　　※必要に応じ，事例などを用いて指導してもよい。
　　　※必要に応じ，ホワイトボードを使用してもよい。
　　　※他の受験者は生徒役(聞き手)であるが，模擬指導の途中に生徒
　　　　役の受験者を指名しないこと。

※受験者は，試験官の指示により，与えられた場面設定を読み上げた後，試験官の「始めてください」の合図で模擬指導を開始すること。

※模擬指導開始後4分経過した時点で，終了1分前の合図として呼び鈴を1回鳴らす。

※模擬指導開始後5分経過した時点で，終了の合図として呼び鈴を2回鳴らすので，模擬指導を終了すること。

※メモを取ってもかまわないが，メモ用紙は模擬指導終了後に試験官に提出すること。

※模擬指導終了後は，試験内容などについて一切口外しないこと。

◆模擬指導(3次試験)　3分

※一人ずつ順番に先生役になり，課題に示された内容の模擬指導や説明などを行う。

※はじめにテーマの番号を言い，模擬指導をはじめる。必要に応じて，板書あるいは発問を行ってもよいが，他の受験者からの挙手や発言などはないものとする。

※特別支援学校では，はじめにテーマの番号，各自がイメージする児童生徒の障がい種・障がいの程度(問題によっては設定済み)を告げてから模擬指導を行う。

2013年度　面接実施問題

◆集団討論(1次試験)　面接官3人　受験者10人　25分
　▼中学保体
　　※司会等は指定されない。コの字型に机がセットされており，机上
　　　に討論のテーマの紙が置いてある。
　　　・紙は持って帰れない。メモもできない。発言は1回につき1分程
　　　　度。
　　　・10個のテーマのうちから1個のテーマが指定される。
　　　・行き詰ったら，試験官から質問されることもある。
　　【課題】
　　□不登校の生徒に対して，担任として，どのような取り組みをする
　　　か。
　　□自尊感情を高めるために，担任として，どのような取り組みをす
　　　るか。

◆集団面接(1次試験)　面接官3人　受験者3人　40分
　▼中学保体
　　【自己PR課題】
　　□あなたが「自立して生きていく」ことのできる子どもたちを育て
　　　るために，一番大切にしたいことはどんなことですか。そして，
　　　その実現のために，どのようなことに取り組んでいきますか。
　　※上記課題に対する答えを含めた自己PRを2分間で行う。
　　【質問内容】
　　□自分の学校の学校教育目標と，実施していることは何か。
　　□理想の道徳の授業とはどんな授業か。
　　□ロンドンオリンピックを題材に，どのように生徒に話をするか。

□部活指導で，保護者から指導方法に対してクレームの電話があった。どんな対応をとるか。

□顧問として，どんな部活動指導をしていくか。

▼中学英語

【自己PR課題】

□自立していくことのできる子どもたちを育てるために一番大切なことは何か。そして，その実現のために取り組むことは何か。

【質問内容】

□(自己PRについて)褒めるための仕掛けはどんなことか。

□自分自身の今の課題は。

□英語授業のはじめの部分を実際にしてみてください。

□中1の子どもにはじめての授業で何を話すか。

□授業において生徒の食いつく場面は。

◆実技試験(1次試験)

▼小学校全科

(音楽)

【課題】

□弾き歌い：小学校の歌唱共通教材の中にある，「春の小川」「もみじ」「ふるさと」の中から，当日指定した曲をピアノで弾き歌う。

(体育)

【課題】

□水泳(25m)

□ボール運動

□器械運動

(書写(硬筆))　20分

【課題】

1　点画の接し方に気を付けて書いたとき，(1)〜(3)の漢字について，どちらが正しいか，(例)にならって正しい方の漢字を〇で囲みなさい。

(3)　　(1)　　(例)

(2)

2 教室に新出漢字の筆順を掲示します。(1)～(4)の漢字について筆順が分かるように，(例)にならって□に書きなさい。

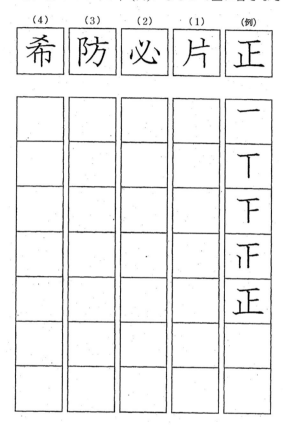

3　(例)にならって，次の(1)〜(3)の□にそれぞれの読みに合う漢字を形に気を付けながら丁寧に書きなさい。また書いた漢字とおおよその形が同じ漢字を探して線でつなぎなさい。

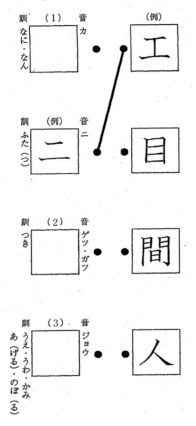

(図画工作)

【課題】

□「もしも私が虫になったら」

課題をもとに場面を設定し，画面の構成や素材の特徴を活かして表現しなさい。

○作成の手順

・自分が虫になったと仮定し，その場面や雰囲気，気持ちを考える。

・表現したい雰囲気や気持ちに合う効果的な画面構成を考える。

・素材の特徴を生かした表現方法を考える。

・必要に応じて濃淡や形を考えながら表現する。

・画用紙の表，右下に受験番号と作品の簡単な解説を書く。

▼中学国語

【課題】

□大筆を用いて，配布された半紙に，「花鳥風月」を次の【条件】にしたがって行書で書きなさい。

【条件】

(1) 自分の作品の各文字に，次の行書の特徴の①〜③のいずれかを反映させて書くこと。

①筆順の変化

②点画の連続

③点画の変化(左払いの方向)

(2) ①〜③の特徴すべてを，4つの文字のどれかに必ず反映させること。

(①〜③のいずれか1つは，2回使われることになる)

(3) 各文字の特徴を反映させた箇所を鉛筆で囲み，①〜③の番号を記入すること。

(4) 鉛筆での特徴の記入は，1文字につき1つとすること。

※注意

(1) 作品の左上に，鉛筆で受験番号を書くこと。(氏名は書かない)

(2) 提出は1枚のみとする。

▼中学理科

【課題】

□問1　ブラックボックス①〜③の回路の様子を調べ，回路のつな
　　がりを推測し，それぞれのブラックボックスの各点での導線のつ
　　ながり方を図に表しなさい。

(10分間)

[準備]　豆電球(1個)，乾電池(1個)，ブラックボックス①〜③，導線
　　(適量)，メモ用紙

　ブラックボックス①

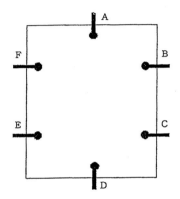

　ブラックボックス②

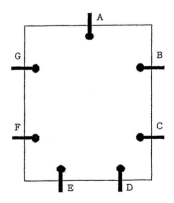

ブラックボックス③

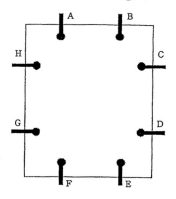

□問2　次の回路図をもとに回路をつくりなさい。このとき，①〜
　③の条件をすべて満たすようにしなさい。
　①　電源には乾電池2個を直列につないで使用する。
　②　豆電球Aに流れる電流と，豆電球Aにかかる電圧を測定する
　ために，電流計と電圧計を回路に正しく接続する。
　③　3個の豆電球をすべて点灯させた状態にする。
※回路の確認は，監督者が行うので，完成した回路はそのままにし
　ておくこと。
　(10分間)
[準備]　ソケット付き豆電球(3個)，乾電池(2個)，導線(適量)，電流
　計(1台)，電圧計(1台)，予備の豆電球(3個)，乾電池ホルダー(2個)

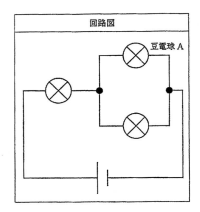

▼中学音楽

【課題】

□ソナタ(第1楽章)又はそれと同程度の任意の曲をピアノで演奏する。

□弾き歌い(中学校の歌唱共通教材の中から，当日指定した曲をピアノで弾き歌う)

□管・弦・打(マリンバに限る)楽器のいずれかで任意の曲を演奏する。

□和楽器(箏，三味線，篠笛，尺八に限る)で任意の曲を演奏する。

※上記すべての実技を行う。

▼中学保体

【課題】

□水泳：25mクロール

□器械運動：マット運動(倒立前転→側方倒立回転→伸膝前転→前方倒立回転)

□陸上競技：50mハードル走

□球技：下記の内1種目選択

　・バレーボール：30秒間対人パス(アンダー，オーバーのどちらも)

　　・バスケットボール：(左右から)ドリブルシュート，ピボットあ
　　　りのドリブル
　　・サッカー：ジグザグドリブル～シュート
　□武道：下記の内1種目選択
　　・剣道：正面素振り，左右正面打ち
　　・柔道：前回り受け身
　□ダンス：2曲から1曲選択し，30秒程度の創作ダンス(即興)

▼中学美術
　【課題】
　□鳥取県の特産品をお菓子として商品化したい。以下の条件を満た
　　すように商品の企画書を作成するとともに，パッケージをデザイ
　　ンしなさい。
　(条件)
　※鳥取県の特産品は「二十世紀梨」「松葉がに」からどちらかを選
　　択すること。
　※「企画書」部分は「商品名」，「お菓子のイメージ」，「イメージを
　　表すためのデザインの工夫」を具体的に記入すること。
　※商品は"箱入り"とし，箱の3面が見えるように遠近感を考慮し
　　て描くこと。
　※作成例のパッケージデザインは"袋入り"である。
　・パッケージデザインを描く際に工夫した箇所は，用紙の余白部分
　　に説明を記入し，その位置がわかるように示すこと。
　(注意事項)
　※使用する用具は鉛筆，色鉛筆，定規とする。

▼中学技術　　課題1，2：110分+課題3：40分
　【課題1】
　□次の指示に従い，板材(210mm×1000mmx12mm)を使って，本立
　　てを製作しなさい。形状は問わないが，高さ210mm，幅150mm，

厚さ10mm程度の大きさの図書を20冊以上収納可能とし，強度も十分な本立てを製作しなさい。

(1)　解答用紙に簡単な構想図をかきなさい。(縮尺は自由，大まかな寸法を入れること。フリーハンドでよい。)

(2)　使用する工具は，さしがね・両刃のこぎり，かんな，ドレッサー，きり，げんのう，クランプなどとします。接合には，くぎと木工用接着剤を使用しなさい。

【課題2】

□テーブルタップを製作しなさい。

(ただし端子処理には圧着端子を用い，安全に使用できる状態に仕上げること)

【課題3】

□次の指示に従い，制御用ロボットのプログラムを制作し，シミュレータで動作を確認する。確認後，制御用ロボットにプログラムを書き込み制御用ロボットを動かしなさい。

(1)　①1秒間前進 ②2秒間停止 ③0.5秒間右方向へ回転 ④1秒間前進 ⑤停止するプログラム。pro1のファイル名でデスクトップに保存する。

(2)　①左LED1秒間点灯 ②0.5秒間前進 ③2秒間停止　①～③を4回繰り返すプログラム。pro2のファイル名でデスクトップに保存する。

(3)　センサを用い，前進して黒いラインでストップするプログラム。

pro3のファイル名でデスクトップに保存する。

◆個人面接(2次試験)　面接官3人　15分

▼中学保体

※はじめに，採用された場合の勤務地(どうしてもダメな場所はないかどうか)の確認，指導できる部活動等の確認をされる。

【質問内容】

□授業づくりの中で，あらかじめ能力(どの程度できるか)を知るということもしていると思うが，どのようなことをして授業づくりをすすめているか。

□学級経営で気をつけていることは。

□あなたの思ういいクラスとはどんなクラスか。どんなクラスにしたいか。

□自分が理想としている先生はいるか。

□あなたは生徒にとってどんな存在であるか。それを感じたエピソードは。

□あなたはどんな先生でありたいか。

□生徒に接するうえで大事にしていること

□今の学校での自分の役割は何だと思うか。

□今の学校で，自分だからできると思うこと，してきたことは。

□体育の先生の学校での役割はどんなことだと思うか。

□体育の先生が学校に求められていることは何だと思うか。

□先輩の授業を参観する際の自分がポイントとして見ている点は何か。

◆集団討論(2次試験)　面接官3人　受験者5人　80分

　▼中学保体

　　※質問に答えるのは，順番を指定されたり，挙手制であったり様々であった。途中で発言について掘り下げられることもあった(すごく厳しくて困った)。

【質問内容】

□服務を答えなさい(全部言い切るまで言わされた)

□服務の宣誓はしたか。どのように，誰に対して行うものか。

□これらの出典法規名を答えなさい。

□なぜ，中学校体育を選んだのか

217

□中学校は義務教育の最後であるが，中学校のうちで生徒に身につけさせておきたい力は。

□体育を通じて，生徒に何を身につけてほしいか。

□体育教師の専門性とは何かを説明しなさい

□その専門性を磨くためにしていることは。

□先輩の授業参観をしていると思うが，その際に注目しているポイントはどこか。

□体育の授業での言語活動とはどのようなことか。

□学校の中での体育教師の位置づけは。

□学校の中での体育教師に求められていることはなんだと思うか

□人権とはなにか。

□人権教育では何が必要か。

□人権教育とエイズ教育は似ていると思うが，人権教育で大切なのは「人権感覚を磨くこと」と，もう1つあると思うが，それは何か。

□例えば数学の先生に「体育の授業では子どもがのびのびしていてうらやましい。何かアドバイスをください」と言われた。何とアドバイスするか。

□子どもの体力が低下していると言われているが，それを食い止めるために自分がやっていることは何か。

□走ることは体力の中でも重要な要素だが，走るのが苦手だったり嫌いな子どもに対してはどのような手だてで取り組ませるか。

□信頼される教師とはどんな教師？(必要な要素は何か。)

□コンプライアンスを守るために心がけていることは。

◆模擬指導(2次試験)　面接官6人　受験者20人　構想6分　実施7分
　▼中学保体
　　※昨年度と違い，今年度からは模擬指導にAとBができた。
　　・20人が1グループとなり実施。待ち時間は生徒役になり，授業者

の評価コメントを書く。

・課題は2人前にくじで引く。ホワイトボードを使ってもよい。デジタイマーが準備してある。一人ずつ順番に先生役になり，課題に示された内容の模擬指導や説明等を行う。

・はじめにテーマの番号を言い，模擬指導等をはじめる。必要に応じて，板書あるいは発問を行ってもよいが，他の受験者からの挙手や発言等はしないものとする。

・模擬指導開始後6分経過した時点で呼び鈴が1回鳴り，7分経過した時点で呼び鈴が2回鳴り，終了となる。

【A課題】

(説明により，内容や意義等を理解させる場面)

□全校生徒に対して「朝の読書」の取組の内容と意義を説明したい。

□担任している学級の生徒に対して，文化祭で取り組む合唱やクラス発表の意義を理解させたい。

□職場体験学習を実施するにあたり，2年生にその意義を理解させたい。

□入学当初の1年生に対して，部活動の意義と部活動を選ぶにあたっての心構えについて説明したい。

□学級委員長等の学級役員を選出することについて，1年生に対して，その意義を理解させたい。

□自転車で登下校する際に，ヘルメットをきちんとかぶることの意義について理解させたい。

□服装等，中学校ではきまりが定められていることについて，入学前の6年生に理解させたい。

(態度を改めるよう説論する場面)

□体育祭の男女混合種目の練習をしようとしないグループがあることに対して，担任としてクラスに指導したい。

□3年3学期，学級の中には，推薦入試で合格した生徒が数名いる。その生徒が，授業中にふざけていた。教科担当として，教科を学ぶことの意義と進路を結びつけて指導したい。

□地域の住民から，生徒が登下校中に交通ルールを守らず，非常に危険であるという苦情が寄せられたことについて，全校集会で指導したい。

□掃除中の態度に真剣さが見られない生徒に，美化委員会が呼びかけた後，掃除することの大切さについて担任としてクラスに指導したい。

□授業開始までに着席することが徹底しないクラスの生徒に対して，時間を守り行動することの大切さについて理解させたい。

□発生したケンカをもとに，学級全体に「カッとなる」などの感情の動きを考えさせる指導を行い，暴力行為に対する未然防止を図りたい。

□担任している生徒から，クラスの生徒からよくからかわれ，学校に行きたくないという相談を受け，その事実を確認した。お互いを認め合うことについてクラスに指導したい。

□部活動の中で，2年生と3年生が対立していることが分かった。解決を図るために3年生に指導したい。

□3年生の生徒が集団でゲームセンターに入り浸り，警察に補導されるという事案が発生した。緊急の学年集会で学年全体を指導したい。

□委員会活動が低調で，表面的・形式的な活動となっている。委員会の担当者として，委員長と副委員長に活発な活動が行われるように指導したい。

(意識や意欲の高揚を図る場面)

□3年生に対して，夏休み直前の学級指導において，進路決定に向けた大切な時期を有意義に過ごそうとする意欲を高めたい。

□入学して間もない1年生に対して，学級目標を決めるための話し合いをさせたい。

□文化祭合唱コンクールに向けての第1回のクラス練習で，団結することの大切さを伝えたい。

□中学生も地域の一員として，地域の行事やボランティア活動など

に積極的に参加する意識を高めたい。

□自分が受け持っている委員会の生徒に対して，委員会目標を決めるための話し合いをさせたい。

□修学旅行が楽しくきまりのよいものになるよう，旅行中の生活のきまりを話し合わせたい。

□部活動が終了した3年生に対して，今後の学校生活について学年集会で話したい。

□3年生引退後の生徒会役員選挙に誰も立候補しようとしない2年生に対して，学校の中心として取り組んでいこうとする意欲を高めたい。

□学習に対して意欲がなく，自分の進路に対して投げやりな2年生生徒に真剣に学習に取り組む意欲が持てるよう指導したい。

□1週間の家庭学習目標時間を設定して，学校全体で取り組むこととなった。担任している学級の生徒にその意義と全員が目標達成できるよう意識を高めたい。

(保護者との懇談において)

□「うちの子は就職なので，学習はしなくてもいい。」と主張する保護者に対して，義務教育，生涯教育の意義についての理解を得たい。

□保護者から，通知表の評定に納得がいかないと抗議があった。提出物はすべて出しているし，挙手をして発表もしていると子どもは言っているのにおかしいというのが理由である。評定について説明し，理解を得たい。

□学級懇談会で「人権教育をするから差別がなくならないのだ。そっとしておけば差別はなくなる」という保護者の発言があった。参加者全体へ人権教育の必要性を理解してもらい協力を得たい。

□「忙しいので懇談にはいけない。先生が家庭訪問してほしい」という保護者に対して，懇談に来てもらうよう働きかけたい。

□学級内にいじめがあるのではないかと心配する保護者に対して，学級懇談会において，これからの対策や学級経営の方針について

説明し，理解と協力を得たい。

□決まった友達から誘いがあり，夜遅くまで外出したり，派手な服装をしたりして困っているという保護者に対して，好ましい人間関係づくりについて協力を得たい。

□自分の子どもは学校の決まりをきちんと守っているが，学級の中には，服装の決まりを守っていない生徒もいる。先生はきちんと指導していないのではないかという保護者に対して，自身の生徒指導についての考え方と今後の方針についての理解を得たい。

□学校は休日にゲームセンターに行くことを禁じているが，休日の過ごし方にまで口を出すのはおかしいのではないかという保護者に対して，その問題点を話し，よりよい休日の過ごし方についての理解を得たい。

□不登校で長期欠席している生徒の家庭訪問をすると，保護者から「子どもが会いたくないといっており，もう来ていただかなくてよい。」という話があった。担任としてはこれからも生徒とつながっていたい。保護者の理解と協力を得たい。

【課題B】

□地域の方から，「最近，女子中学生のスカートの丈が短かったり，カッターシャツの裾をだらりと出したりしているのが気になる。先生はどんな指導をしておられるのですか」と質問を受けた。自校の生徒指導の取り組みと今後の対応について，説明したい。

□1年生の学級活動で，「喫煙や薬物依存の危険性」を取り扱うこととなり，ゲストティーチャーとして，学校薬剤師に来ていただくこととなった。生徒の実態や自校の健康教育のねらいを踏まえ，依頼したい。

□進路指導主任の依頼のもと，1年生に対するキャリア教育の一環としてホテルの支配人をゲストティーチャーとして招くことになった。自校のキャリア教育の考え方や学習のねらいを踏まえ，依頼したい。

□1年生の総合的な学習の時間で，「地域に学ぶ」というテーマで，

地域の歴史や伝統にまつわる話を，公民館長に聞く計画をたてた。生徒の実態や学習のねらいを踏まえ，依頼したい。

□最近給食を残す生徒が増えてきた。食の大切さを伝えるために，給食を作っておられる調理員の方にゲストティーチャーとして来ていただき，生徒に話をしていただきたい。食育の指導のねらいを踏まえて，調理員の方に依頼したい。

□ウェブ上での生徒の書き込みが心配される中，インターネット等の情報機器の適切な利用について，専門家を招いて学年集会を開催したい。生徒の実態や事項の情報教育のねらいを踏まえ，依頼したい。

□文化祭で披露した合唱が地域の評判となり，新聞社からインタビューしたいという申し入れがあった。日ごろから大切にしている学校のめざす子ども像や合唱の持つ意義を踏まえ，インタビューに答えたい。

□卒業生の中に，オリンピックに出場して活躍した方がおられ，講演を聞く計画をたてた。進路指導の一環として，生徒たちに気づいてほしいこと，考えてほしいことを踏まえ，講演を依頼したい。

□学校の行き帰りに，お菓子を買って食べ歩きをしている生徒が増えており，さらには，ゴミをポイ捨てしていると，近所の公民館長から厳しい口調で苦情があった。地域を巻き込んだ健全な青少年育成の視点等を踏まえて，公民館長の理解を得たい。

□防災の日を前にして，地域の消防団で活躍する方の講演を聞くこととなった。生徒が自らの問題と捉えられる講演会とするため，学校の防災教育の方針や自らの見聞を踏まえ，依頼をしたい。

□2年生の総合的な学習の時間に，職場体験学習を行うことになった。ある飲食店に受け入れの依頼に行くにあたって，学習の目的や具体的な活動，配慮事項を伝えたい。

□不登校の未然防止に向けた保護者研修会を，スクールカウンセラーを講師に迎え開催したい。早期対応も含めた学校と保護者との関係など，研修会のねらいを説明し，依頼したい。

□町内の図書館長を招いて，望ましい読書週間の形成や読書活動の活性化について，全校集会で講演をしていただく計画をたてた。読書の大切さや自校の図書館教育のねらい等を踏まえ，講演の依頼をしたい。

□保護者から部活動の外部指導者の指導のあり方について苦情があった。その外部指導者は，できない時は大きな声で生徒を叱り，時には叩くこともあることに対する訴えであった。顧問としてその外部指導者に対して，部活動における教育上の意義，視点を説明し，理解を得たい。

2012年度　面接実施問題

◆実技(2次試験)

▼小学校全科

(音楽)

【課題】

□弾き歌い：小学校の歌唱共通教材の中にある，「春の小川」「もみじ」「おぼろ月夜」の中から，当日指定した曲をピアノで弾き歌う。

(体育)

【課題】

□水泳(25m)

□ボール運動

□器械運動

(書写)　20分

□硬筆

【課題】

□次に書かれた文章を，原稿用紙の正しい書き方に沿って，次の原稿用紙に正しく書き直しなさい。ただし，漢字，平仮名，片仮名，句読点及びかぎ(「 」)はそのまま使うこと。

　　先週の土曜日，家族でスキーに行きました。ちゅう車場に車をとめて，ゲレンデに向かいました。ゲレンデに着くと，お姉さんが，「雪がいっぱいつもっているよ。早くすべろうよ。」と言いました。すると，お父さんも，「そうしよう。」と言って，用意を始めました。

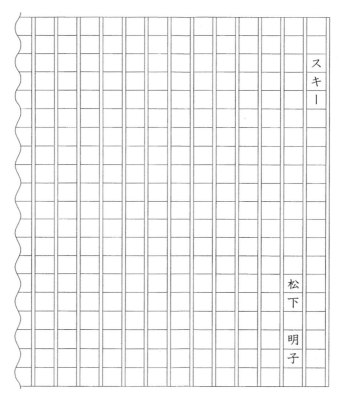

□例にならって，次の(1)～(3)の漢字の四画目を，鉛筆でなぞりなさい。

(例)

(1)　　　　　(2)　　　　　(3)

226

(図画工作)

【課題】

□「わたしの自画像〜自分を見つめて〜」

　　自分の心の中が表れるように工夫して，自画像を鉛筆で描きなさい。

※作成の手順

・今までの自分を振り返ったり，これからの自分を想像したりして，自分のどんな心を表現したいかを考える。

・画面構成を考え，自画像を描く。自画像は全身でも上半身でもよいが，必ず顔を描くこと。

・背景を描く。

・画用紙の表，右下に受験番号と作品の簡単な解説を書く。

▼中学国語

【課題】

□大筆を用いて，配布された半紙に，「国際社会」を次の【条件】にしたがって行書で書きなさい。

【条件】

　　次の①〜④は行書の特徴である。自分の作品の「社会」の部分にそれぞれの特徴を反映させて，鉛筆でその箇所を囲み①〜④の番号を記入すること

①　「点」の省略　　②　筆順の変化　　③　点画の連続

④　右払いの形や方向の変化

(注意)

(1)　作品の左上に，鉛筆で受験番号を書くこと。(氏名は書かない。)

(2)　提出は一枚のみとする。

▼中学理科

【課題】

□赤色，青色の物体の質量および体積を測定し，それぞれの物体の密度を小数第1位まで求めなさい。また，下の密度の表を参考にして，赤色，青色の物質名を答えなさい。なお，実験で求めた測定値および密度を求める途中の計算はすべて解答用紙に残しておくこと。

〔準備〕物体1(赤色)，物体2(青色)，メスシリンダー(50ml用)，上皿てんびん，分銅，ビーカー，スポイト，タオル，針金

＜参考＞密度の一覧表

物質	密度（g/cm³）
鉛	11.35
銅	8.96
鉄	7.87
チタン	4.51
アルミニウム	2.70

▼中学音楽

【課題】

□ソナタ(第1楽章)又はそれと同程度の任意の曲をピアノで演奏する。

□弾き歌い(中学校の歌唱共通教材の中から，当日指定した曲をピアノで弾き歌う)

□管・弦・打(小太鼓・マリンバに限る)楽器のいずれかで任意の曲を演奏する。

□和楽器で任意の曲を演奏する。

▼中学保体

【課題】

□水泳

□器械運動

□陸上競技

□球技：バレーボール，バスケットボール，サッカーの内1種目選択

□武道・ダンス：柔道，剣道，ダンスの内1種目選択

2011年度　面接実施問題

◆集団面接(1次試験)　受験者3人

▼中学英語

□生徒が万引きをして，その学校に連絡が入ったときの職員室での対応。

□授業中に離籍をする生徒へどのように対応するか。

□支援が必要な生徒(特別教育の通級生徒)がいる場合，どのようなことに配慮するか。

□特別支援学校の生徒のために授業が遅れるという苦情に対してどのように対応するか。

□ワールドカップで印象に残った場面を用いて朝の学活で話をしなさい。

□自分自身が担任になったら，子どもたちにどんな良いことが待っているか。

◆自己PRスピーチ(1次試験)　2分以内

▼中学英語

【テーマ】

　子どもの可能性を最大限に伸ばすためにあなたがしていること

※事前にスピーチのテーマが与えられている。

▼小学校全科

　あなたは「子どもたちの無限大の可能性」を伸ばすために，どのように取り組んでいきますか。

◆集団討論(1次試験)　30分

　▼小学校全科

　【テーマ】

　　地域・家庭から学校が信頼される為には

◆面接試験(2次試験)

　▼小学校全科

　〜全体の流れ〜

　1次試験(個人面接)→2次試験(集団面接)→3次試験(模擬授業)

　※6組(20名ずつ)計120名で，1次〜3次試験をローテーション

◆模擬授業(2次試験)

　〜全体の流れ〜

　　①当日の朝，受付時にその日の問題(24問)が配られる→②休憩，昼に問題について考えることが可能→③他の受験生と相談しつつ考えるのも良い(休憩時)→④20人1クラスで他の児童を受験生と見立てることは可能→⑤コメント用紙が配られ，他の受験生を評価する。(5分間，考える時間与えられず)

◆個人面接(2次試験)　面接官3人　12分

　※個人面接(12分)

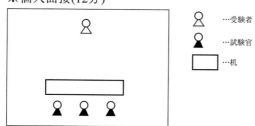

…受験者

…試験官

…机

□併願の状況，教員免許の確認
□(併願していて)両県受かった場合はどうするか。
□教育実習での経験
　・一番印象に残った事
　・研究採集での留意点
　・第一印象…学校とは○○である
□新学習指導要領で気をつけたいこと

◆集団面接　面接官3人　受験者5人　60分
　※個人面接(60分)

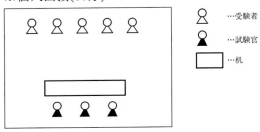

□教育法規について
・懲戒の4つの種類は。
・分限の4つの種類は。
・地方公務員法について。
・「法規なんて勉強しなくていい」と先輩の先生に言われたらどう反
　論するか。
□今までで一番印象に残った言葉は。
□保護者や地域とどう連携していくか。
□30秒で自己PR。
□30秒で一番知識・教養のある話をしなさい。
・受験者のなかで「一番良い」と思った人の番号を言いなさい。
□小学校3年生で逆上がりができない子に夏前にどのように声かけを

するか。

□自分が教師になった後の目標は。

□ボランティアの経験は。

・今それが役に立っているか。

※学生の受験者ということで質問の時に色々配慮してくれた。

◆実技試験(2次試験)

▼小学校全科

(書写・硬筆)

【1】道子さんは，第五回伝統祭実行委員会の委員になり，お知らせを書いて，六年生に配布することになりました。第五学年及び第六学年の書写に関する指導事項に沿って，次の□□□に書かれた情報をもとに，左のわくを使って，配布するお知らせを横書きで完成させなさい。

> 　六月十日の三・四時間目に，体育館で第五回伝統祭を行います。持ち物は，上ぐっとタオルです。みんなで力を合わせて，思い出に残る伝統祭にしたいというメッセージも添えてお知らせを書きたいと思います。

【2】次の漢字の四画目をなぞりなさい。

（一）　（二）

234

【3】 次の文を第三学年及び第四学年の書写に関する指導事項に沿って
　　　正しく書き直しなさい。

(水泳)

25m，泳法は自由，6人ずつ

(体育)

□バスケットボール：ドリブルシュート

・35人を半分に分けて練習

□マット運動：後転→側方倒立回転→開脚前転

・練習は一回，10人1組で練習

▼中学国語

【1】　次の▢▢の文章は中学撃習指導要領解説国語編(平成20年9月)において，第三学年「書くこと」の言語活動例「ア　関心のある事柄について批評する文章を書くこと。」について解説されたものである。この内容をふまえて，中学生に対するモデル文となるような批評文を，後の【条件】にしたがって(別紙)に書きなさい。

> ア　関心のある事柄について批評する文章を書く言語活動
> 　「批評」とは，対象とする事柄について，そのもののよさや特性，価値などについて，論じたり，評価したりすることである。
> 　ここでいう「関心のある事柄」については，社会生活にかかわる様々な事物や出来事を考えることができる。これを批評するには，書き手の視野の広さや，論理的に物事を考える力が大切である。そのためには，関心のある事柄について，関連する事柄や背景などにも興味をもたせ，書き手の主観だけでなく，客観的，分析的に物事を見つめる姿勢をもたせることが必要である。
> 　記述に際しては，対象となる事柄を分かりやすく説明したり，判断や評価の理由や根拠などを明確に示したりすることなどが求められる。
> 　　　　　[中学校学習指導要領解説「国語」編(平成20年9月)より]

【条件】
　①批評する対象は自由とする。
　②作文には題名をつけ，(別紙)のタイトル欄に記入すること。
　③解答用紙の25行以上，30行以下となるように書くこと。
　④原稿用紙の正しい使い方に従って書くこと。

【2】 大筆を用いて，配布された半紙に，「科学」を次の【条件】にしたがって行書で書け。

【条件】

次の①～④は行書の特徴である。自分の作品にそれぞれの特徴を反映させて，鉛筆でその箇所を囲み①～④の番号を記入すること。

①「点」から「払い」への連続

②「点」から「横画」への連続

③「止め」から「はね」への変化

④「点」の省略

※作品の左上に，鉛筆で受験番号を書くこと。

※提出は一枚だけでよい。

▼中学美術

画面に消失点を1つ作り，1点透視図法を用いて風景を描きなさい。風景の中には，立方体など人工的な立体図形を必ず1つ以上入れなさい。

※使用する用具は鉛筆，消しゴム，定規とする。

※描く風景は屋内，屋外を問わない。

※画面の縦・横は問わない。

※画用紙の裏面に受験番号を記入すること。

2010年度　面接実施問題

◆集団討論 (1次試験)　[中・高・養]面接官2人　受験者8人　25分(構想5分，発言は1分以内)

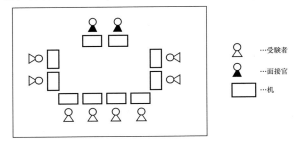

▼高校商業

テーマ「家庭学習の習慣が定着していない原因と具体的な解決策について」

◆集団面接 (1次試験)　面接官3人　受験者6人　30分

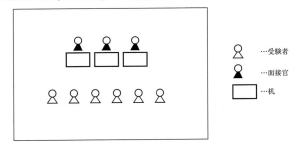

▼高校商業

・教師を志望する理由

・人と接するときに心がけていること

238

・授業で興味をもってもらえるように日頃工夫していること。(高校で
　どんなことを教えたらいいと思うか)
・高校生にとって携帯電話とは(使い方について)
・商業教育が楽しいことをあなたはどのように伝えますか
・高校時代に身につけさせたいこと
・生徒がなかなか言うことを聞いてくれません。どうしますか
・どんな教師になりたいか。(〜な先生という言い方で一言)

◆自己PR (1次試験)　集団面接の中で実施　2分

◆集団面接 (2次試験)　面接官3人　受験者5人　60分
　テーマ例「思考力を高めるためにどのような事をしていますか」

◆個人面接 (2次試験)　面接官3人　10〜15分

◆場面指導 (2次試験)　[小・中・高・特・養]構想時間なし，実施2〜3分
　テーマ例「保護者からの進路相談に対して，生徒のことを考えながら，
　　保護者にどのように対応しますか」

2009年度　面接実施問題

◆集団面接(1次試験)　面接官3人　受験者5人　20分
　(A～Eさんまで指定され，順番に，または挙手で答える。)
　1　学校で，保護者が一番望んでいることは，何か。(Aさんから)
　2　子どもが，楽しいと思う学校は，どんな学校か？(挙手)
　3　次に，そうなるように自分がしていることは何か？(挙手)
　4　「道」ときいて何を思い浮かべるか。(挙手)
　5　食育ときいて何を思うか？(挙手)
　6　食育について，「安全の面から」「人とのつながり」という観点が
　　できましたが，どちらかを選んで話をしなさい。(挙手)
　7　コミュニケーション能力ときいて，どんなことを思うか？(Eさん
　　から)
　8　教師としてどんなことが大事か。(挙手)

◆集団討論(1次試験)　[中・高・養]　面接官2人　受験者8人　25分(構想
　5分，発言は1分以内)

◆自己PR(1次試験)　集団面接の中で実施　2分

◆集団面接(2次試験)　面接官2人　受験者5人　45分

◆個人面接(2次試験)　面接官2人　10分

◆模擬授業(2次試験) ［小・中・特・養］面接官8人 2分30秒(構想は別に5分)

［高］面接官2人 10分(構想は別に20分)

◆自己PR(2次試験) 個人面接の中で実施

2008年度　面接実施問題

◆集団面接

【1次/高校(地理歴史)】(面接官3名　時間20分)

・地理歴史に関して多くの生徒はどこを苦手としていると思いますか。それはなぜですか。また，あなたはそれに対してどのような指導をしていきますか。

・もし，あなたのクラスに不登校児がいたら，あなたはどのようなアプローチをしていきますか。

・免許の更新制度についてあなたはどう思いますか。

・校則についてどう思いますか。また，校則を守らない生徒に対してどのような指導をしていきますか。

・生徒はよく教師を裏切ります。そんな職業を志望するのはなぜですか。また，生徒に裏切られたとき，あなたはどうしますか。

・今までは，教師に守られる立場でしたが，今度は生徒を守る立場に変わっていきます。あなたは人生の先輩として，生徒にどう接していきますか。

◆集団討論

【1次/高校(地理歴史)】(面接官2名　時間25分)

テーマ：「生きる力」をあなたならどう指導していくか。

※開始5分前に課題が渡される。1回の発言は14分以内。

第3部

面接試験対策

面接試験の概略

■■ 面接試験で何を評価するか────────

　近年,「人物重視」を掲げた教員採用候補者選考試験において, 最も重視されているのが「面接試験」である。このことは, 我が国の教育の在り方として, アクティブラーニングの実施, カリキュラム・マネジメントの確立, 社会に開かれた教育課程の実現等, 次々と新しい試みが始まっているため, 学校教育の場においては, 新しい人材を求めているからである。

　ところが, 一方で, 現在, 学校教育においては, 様々な課題を抱えていることも事実であり, その例として, いじめ, 不登校, 校内暴力, 無気力, 高校中退, 薬物乱用などがあり, その対応としても, 多くの人々による意見もあり, 文部科学省をはじめとする教育行政機関や民間機関としてもフリースクールなどで対応しているが, 的確な解決策とはなっていない状況にある。このことに関して, その根底には, 家庭や地域の教育力の低下, 人間関係の希薄化, 子供の早熟化傾向, 過度の学歴社会及び教員の力量低下等, 正に, 様々な要因が指摘されている。したがって, これらの問題は, 学校のみならず, 家庭を含めた地域社会全体で, 対応しなければならない課題でもある。

　しかし, 何といっても学校教育の場においては, 教員一人一人の力量が期待され, 現実に, ある程度までのことは, 個々の教員の努力で解決できた例もあるのである。したがって, 当面する課題に適切に対応でき, 諸課題を解決しようとの情熱や能力が不可欠であり, それらは知識のみの試験では判断できかねるので, 面接によることが重視されているのである。

①人物の総合的な評価

　面接試験の主たるねらいは, 質問に対する応答の態度や表情及び言葉遣いなどから, 教員としての適性を判定するとともに, 応答の

内容から受験者に関する情報を得ようとすることにある。これは総合的な人物評価といわれている。

　そのねらいを十分にわきまえることは当然として，次にあげることについても自覚しておくことが大切である。

○明確な意思表示

○予想される質問への対応

○自らの生活信条の明確化

○学習指導要領の理解

○明確な用語での表現

②応答の基本

　面接試験では，面接官の質問に応答するが，その応答に際して，心得ておくべきことがある。よく技巧を凝らすことに腐心する受験者もいるようであるが，かえって，紋切り型になったり，理屈っぽくなったりして，面接官にはよい心象を与えないものである。そこで，このようなことを避けるため，少なくとも，次のことは意識しておくとよい。

○自分そのものの表現

　　これまで学習してきたことを，要領よく，しかも的確さを意識し過ぎ，理詰めで完全な答えを発しようとするよりも，学習や体験で得られた認識を，教職経験者は，経験者らしく，学生は，学生らしく，さっぱりと表現することをすすめる。このことは，応答内容の適切さということのみならず，教員としての適性に関しても，面接官によい印象を与えるものである。

○誠心誠意の発声

　　当然のことであるが，面接官と受験者とでは，その年齢差は大変に大きく，しかも，面接官の経歴も教職であるため，その経験の差は，正に雲泥の差といえるものである。したがって，無理して，大人びた態度や分別があることを強調するような態度をとることは好まれず，むしろ謙虚で，しかも若々しく，ひたむきに自らの人生を確かなものにしようとする態度での応答が，好感を持

たれるものである。

③性格や性向の判別

　組織の一員としての教員は，それぞれの生き方に共通性が必要であり，しかも情緒が安定していなければならない。そのため，性格的にも片寄っていたり，物事にとらわれ過ぎたり，さらには，協調性がなかったり，自己顕示欲が強すぎたりする人物は敬遠されるものである。そこで，面接官は，このことに非常に気を遣い，より的確に査定しようとしているものなのである。

　そのため，友人関係，人生観，実際の生き方，社会の見方，さらには自らに最も影響を与えた家庭教育の状況などに言及した発問もあるはずであるが，この生育歴を知ろうとすることは，受験者をよりよく理解したいためと受け取ることである。

④動機・意欲等の確認

　教員採用候補者選考を受験しているのであるから，受験者は，当然，教職への情熱を有していると思われる。しかし，面接官は，そのことをあえて問うので，それだけに，意志を強固にしておくことである。

○認識の的確さ

　教員という職に就こうとする意志の強さを口先だけではなく，次のようなことで確認しようとしているのである。

　ア　教員の仕事をよく理解している。

　イ　公務員としての服務規程を的確に把握している。

　ウ　立派な教員像をしっかり捉えている。

　少なくとも上の3つは，自問自答しておくことであり，法的根拠が必要なものもあるため，条文を確認しておくことである。

○決意の表明

　教員になろうとの固い決意の表明である。したがって単に就職の機会があったとか，教員に対する憧れのみというのは問題外であり，教員としての重責を全うすることに対する情熱を，心の底から表現することである。

　以上が，面接試験の最も基本的な目的であり，面接官はこれにそってさまざまな問題を用意することになるが，さらに次の諸点にも，面接官の観察の目が光っていることを忘れてはならない。

⑤質疑応答によって知識教養の程度を知る

　筆記試験によって，すでに一応の知識教養は確認してあるわけだが，面接試験においてはさらに付加質問を次々と行うことができ，その応答過程と内容から，受験者の知識教養の程度をより正確に判断しようとする。

⑥言語能力や頭脳の回転の早さの観察

　言語による応答のなかで，相手方の意思の理解，自分の意思の伝達のスピードと要領のよさなど，受験者の頭脳の回転の早さや言語表現の諸能力を観察する。

⑦思想・人生観などを知る

　これも論文・作文試験等によって知ることは可能だが，面接試験によりさらに詳しく聞いていくことができる。

⑧協調性・指導性などの社会的性格を知る

　前述した面接試験の種類のうち，グループ・ディスカッションなどはこれを知るために考え出されたもので，特に多数の児童・生徒を指導する教師という職業の場合，これらの資質を知ることは面接試験の大きな目的の1つとなる。

■■ **直前の準備対策**————————

　以上からわかるように，面接試験はその人物そのものをあらゆる方向から評価判定しようとするものである。例えば，ある質問に対して答えられなかった場合，筆記試験では当然ゼロの評価となるが，面接試験では，勉強不足を素直に認め今後努力する姿勢をみせれば，ある程度の評価も得られる。だが，このような応答の姿勢も単なるポーズであれば，すぐに面接官に見破られてしまうし，かえってマイナスの評価ともなる。したがって，面接試験の準備については，筆記試験のように参考書を基礎にして短時間に修練というふうにはいかない。日

頃から，

> (1) 対話の技術・面接の技術を身につけること
> (2) 敬語の使い方・国語の常識を身につけること
> (3) 一般常識を身につけて人格を磨き上げること

が肝要だ。しかし，これらは一朝一夕では身につくものではないから，面接の際のチェックポイントだけ挙げておきたい。

(1) **対話の技術・面接の技術**

　○対話の技術

　　①言うべきことを整理し，順序だてて述べる。

　　②自分の言っていることを卑下せず，自信に満ちた言い方をする。

　　③言葉に抑揚をつけ，活気に満ちた言い方をする。

　　④言葉の語尾まではっきり言う練習をする。

　　⑤短い話，長い話を言い分けられるようにする。

　○面接技術

　　①緊張して固くなりすぎない。

　　②相手の顔色をうかがったり，おどおどと視線をそらさない。

　　③相手の話の真意をとり違えない。

　　④相手の話を途中でさえぎらない。

　　⑤姿勢を正しくし，礼儀を守る。

(2) **敬語の使い方・国語常識の習得**

　○敬語の使い方

　　①自分を指す言葉は「わたくし」を標準にし，「僕・俺・自分」など学生同士が通常用いる一人称は用いない。

　　②身内の者を指す場合は敬称を用いない。

　　③第三者に対しては「さん」を用い，「様・氏」という言い方はしない。

　　④「お」や「ご」の使い方に注意する。

　○国語常識の習得

　　①慣用語句の正しい用法。

②教育関係においてよく使用される言葉の習得

さて本題に入ろう。面接試験1カ月前程度を想定して述べれば，その主要な準備は次のようなことである。

○直前の準備

　①受験都道府県の現状の研究

　　　受験する都道府県の教育界の現状は言うに及ばず，政治・経済面についても研究しておきたい。その都道府県の教育方針や目標，進学率，入試体制，また学校数の増加減少に関わる過疎化の問題等，教育関係刊行物や新聞の地域面などによく目を通し，教育委員会に在職する人やすでに教職についている先生・知人の話をよく聞いて，十分に知識を得ておくことが望ましい。

　②教育上の諸問題に関する知識・データの整理

　　　面接試験において，この分野からの質問が多くなされることは周知の事実である。したがって直前には再度，最近話題になった教育上の諸問題についての基礎知識や資料を整理・分析して，質問にしっかりとした応答ができるようにしておかなければならない。

　③時事常識の習得と整理

　　　面接試験における時事常識に関する質問は，面接日前2カ月間ぐらいのできごとが中心となることが多い。したがって，この間の新聞・雑誌は精読し，時事問題についての常識的な知識をよく修得し整理しておくことが，大切な準備の1つといえよう。

○応答のマナー

　　　面接試験における動作は歩行と着席にすぎないのだから，注意点はそれほど多いわけではない。要は，きちんとした姿勢を持続し，日常の動作に現れるくせを極力出さないようにすることである。最後に面接試験における応答態度の注意点をまとめておこう。

　①歩くときは，背すじをまっすぐ伸ばしあごを引く。かかとを引きずったり，背中を丸めて歩かないこと。

②椅子に座るときは深めに腰かけ，背もたれに寄りかかったりしない。女子は両ひざをきちんと合わせ，手を組んでひざの上に乗せる。男子もひざを開けすぎると傲慢な印象を与えるので，窮屈さを感じさせない程度にひざを閉じ，手を軽く握ってひざの上に乗せる。もちろん，背すじを伸ばし，あごを出さないようにする。

③上目づかいや横目，流し目などは慎しみ，視線を一定させる。きょろきょろしたり相手をにらみつけるようにするのも良い印象を与えない。

④舌を出す，頭をかく，肩をすくめる，貧乏ゆすりをするなどの日頃のくせを出さないように注意する。これらのくせは事前にチェックし，矯正しておくことが望ましい。

　以上が面接試験の際の注意点であるが，受験者の動作は入室の瞬間から退室して受験者の姿がドアの外に消えるまで観察されるのだから，最後まで気をゆるめず注意事項を心得ておきたい。

面接試験を知る

> 面接試験には採点基準など明確なものがあるわけではない。面接官が受験者から受ける印象などでも採点は異なってくるので，立派な正論を述べれば正解という性質のものではないのである。ここでは，面接官と受験者の間の様々な心理状況を探ってみた。

　面接試験で重要なことは，あたりまえだが面接官に良い印象を持たせるということである。面接官に親しみを持たせることは，確実にプラスになるだろう。同じ回答をしたとしても，それまでの印象が良い人と悪い人では，面接官の印象も変わってくることは十分考えられるからである。

　「面接はひと対ひと」と言われる。人間が相手だけに，その心理状況によって受ける印象が変わってきてしまうのである。正論を語ることももちろん重要だが，良い印象を与えるような雰囲気をつくることも，同じく重要である。それでは，面接官に対してよい印象を与える受験者の態度をまず考えてみよう。

■■ 面接官の観点──────────

〈外観の印象〉

　　□健康的か。

　　□身だしなみは整っているか。

　　□清潔感が感じられるか。

　　□礼儀正しいか。

　　□品位があり，好感を与えるか。

　　□明朗で，おおらかさがあるか。

　　□落ちつきがあるか。

　　□謙虚さがうかがえるか。

　　□言語が明瞭であるか。

□声量は適度であるか。

□言語・動作が洗練されているか。

〈質疑応答における観点〉

①理解力・判断力・表現力

　　□質問の意図を正しく理解しているか。

　　□質問に対して適切な応答をしているか。

　　□判断は的確であるか。

　　□感情におぼれず，冷静に判断を下せるか。

　　□簡潔に要領よく話すことができるか。

　　□論旨が首尾一貫しているか。

　　□話に筋道が通り，理路整然としているか。

　　□用語が適切で，語彙が豊富であるか。

②積極性・協調性(主に集団討論において)

　　□積極的に発言しているか。

　　□自己中心的ではないか。

　　□他者の欠点や誤りに寛容であるか。

　　□利己的・打算的なところは見受けられないか。

　　□協力して解決の方向へ導いていこうとしているか。

③教育に対する考え方

　　□教育観が中正であるか。

　　□人間尊重という基本精神に立っているか。

　　□子供に対する正しい理解と愛情を持っているか。

　　□教職に熱意を持っているか。

　　□教職というものを，どうとらえているか。

　　□考え方の社会性はどうか。

④教師としての素養

　　□学問や教育への関心はあるか。

　　□絶えず向上しようとする気持ちが見えるか。

　　□一般的な教養・常識・見識はあるか。

　　□専門に関しての知識は豊富か。

　　　□情操は豊かであるか。

　　　□社会的問題についての関心はどうか。

　　　□特技や趣味をどう活かしているか。

　　　□国民意識と国際感覚はどうか。

　　⑤人格の形成

　　　□知，情，意の均衡がとれているか。

　　　□社会的見識が豊かであるか。

　　　□道徳的感覚はどうか。

　　　□応答の態度に信頼感はあるか。

　　　□意志の強さはうかがえるか。

　　　□様々な事象に対する理解力はどうか。

　　　□社会的適応力はあるか。

　　　□反省力，自己抑制力はどの程度あるか。

■■■ 活発で積極的な態度

　意外に忘れてしまいがちだが，面接試験において確認しておかなくてはならないことは，評価を下すのが面接官であるという事実である。面接官と受験者の関係は，面接官が受験者を面接する間，受験者は面接官にある種の働きかけをすることしかできないのである。面接という短い時間の中で，面接官に関心を持ってもらい，自分をより深く理解してもらいたいのだということを示すためには，積極的に動かなくてはならない。それによって，面接官が受験者に対して親しみを覚える下地ができるのである。

　そこで必要なのは，活発な態度である。質問にハキハキ答える，相手の目を見て話すといった活発な態度は確実に好印象を与える。質問に対し歯切れの悪い答え方をしたり，下を向いてぼそぼそと話すようでは，面接官としてもなかなか好意的には受け取りにくい。

　また，積極的な態度も重要である。特に集団面接や討論形式の場合，積極性がないと自分の意見を言えないままに終わってしまうかもしれない。自分の意見は自分からアピールしていかないと，相手から話を

振られるのを待っているだけでは，発言の機会は回ってこないのである。言いたいことはしっかり言うという態度は絶対に必要だ。

　ただ，間違えてほしくないのは，積極的な態度と相手の話を聞かないということはまったく別であるということである。集団討論などの場で，周りの意見や流れをまったく考えずに自分の意見を繰り返すだけでは，まったく逆効果である。「積極的」という言葉の中には，「積極的に話を聞く」という意味も含まれていることを忘れてはならない。また，自分が言いたいことがたくさんあるからといって，面接官が聞いている以外のことをどんどん話すという態度もマイナスである。このことについては次でも述べるが，面接官が何を聞こうとしているかということを「積極的に分かろうとする」態度を身につけておこう。

　最後に，面接試験などの場であがってしまうという人もいるかもしれない。そういう人は，素の自分を出すということに慣れていないという場合が多く，「変なことを言って悪い印象を与えたらどうしよう」という不安で心配になっていることが多い。そういう人は，面接の場では「活発で積極的な自分を演じる」と割り切ってしまうのも1つの手ではないだろうか。自分は演じているんだという意識を持つことで，「自分を出す」ということの不安から逃れられる。また，そういうことを何度も経験していくことで，無理に演技しているという意識を持たなくても，積極的な態度をとれるようになってくるのである。

■■■ 面接官の意図を探る————————

　面接官に，自分の人間性や自分の世界を理解してもらうということは，面接官に対して受験者も共感を持つための準備ができているということを示さなくてはならない。面接官が興味を持っていることに対して誠意を持って回答をしているのだ，ということを示すことが重要である。例えば，面接官の質問に対して，受験者がもっと多くのことを話したいと思ったり，もっとくわしく表現したいと思っても，そこで性急にそうした意見や考えを述べたりすると，面接官にとって重要なことより，受験者にとって重要なことに話がいってしまい，面接官

は受験者が質問の意図を正確に理解する気がないのだと判断する可能性がある。面接官の質問に対して回答することと，自分の興味や意見を述べることとの間には大きな差があると思われる。面接官は質問に対する回答には関心を示すが，回答者の意見の論述にはあまり興味がないということを知っておかなくてはならない。面接官は，質問に対する回答はコミュニケーションと受け取るが，単なる意見の陳述は一方的な売り込みであることを知っているのである。

　売り込みは大切である。面接の場は自分を分かってもらうというプレゼンテーションの場であることは間違いないのだから，自分を伝える努力はもちろん必要である。だから，求められている短い答えの中で，いかに自分を表現できるかということがキーになってくる。答えが一般論になってしまっては面接官としても面白くないだろう。どんな質問に対しても，しっかりと自分の意見を持っておくという準備が必要なのである。相手の質問をよく聞き，何を求めているかを十分理解した上で，自分の意見をしっかりと言えるようにしておこう。その際，面接官の意図を尊重する姿勢を忘れないように。

■■ 相手のことを受容すること────────

　面接官が受験者を受容する，あるいは受験者が面接官に受容されるということは，面接官の意見に賛同することではない。また，面接官と受験者が同じ価値観を持つことでもない。むしろ，面接官が自分の考え，自分の価値観をもっているのと同じように，受験者がそれをもっていることが当然であるという意識が面接官と受験者の間に生まれるということであろう。こうした関係がない面接においては，受験者は自分が面接官の考え方や価値観を押しつけられているように感じる。

　更に悪いのは，受験者はこう考えるべきだというふうに面接官が思っていると受験者が解釈し，そのような回答をしていることを面接官も気付いてしまう状態である。シナリオが見えるような面接試験では，お互いのことがまったく分からないまま終わってしまう。奇抜な意見

を言えばいいというものではないが，個性的な意見も面接の中では重要になってくる。ただ，その自分なりの意見を面接官が受容するかどうかという点が問題なのである。「分かる奴だけ分かればいい」という態度では，面接は間違いなく失敗する。相手も自分も分かり合える関係を築けるような面接がいい面接なのである。

　「こちらがどう思おうと，面接官がどう思うかはどうしようもない」と考えている人もいるかもしれないが，それは間違いである。就職試験などにみられる「圧迫面接」などならしかたないが，普通に面接試験を行う時は，面接官側も受験者のことを理解したいと思って行うのであるから，受験生側の態度で友好的になるかならないかは変わってくるのである。

■■ 好き嫌い────────

　受容については，もう1つの面がある。それは自分と異なった文化を持った人間を対等の人間として扱うということである。こうした場合のフィードバックは，個人の眼鏡のレンズによってかなり歪められたものになってしまう。また，文化の違いがないときでも，お互いを受容できないということは起こりうる。つまり，人格的に性が合わないことがあるということを認めなくてはならない。しかし，面接という場においては，このことが評価と直結するかというと，必ずしもそうではない。次に述べる「理解」というのにも関係するのだが，面接官に受験者の意見や考えを理解してもらうことができれば，面接の目標を果たせたことになるからだ。

　もちろん，「顔や声がどうしても嫌い」などというケースもあり得るわけだが，面接官も立派な大人なわけであるし，そのことによって質問の量などが変わってくるということはまずない。「自分だけ質問されない」というようなケースはほとんどないし，あるとしたらまったく何か別な理由であろう。好き嫌いということに関しては，それほど意識することはないだろう。ただ，口の聞き方や服装，化粧などで，いやな感じを与えるようなものはさけるというのは当然である。

■■ 理解するということ──────────

　一人の人間が他者を理解するのに3つの方法がある。第一の方法は，他者の目を通して彼を理解する。例えば，彼について書かれたものを読み，彼について他の人々が語っているのを聞いたりして，彼について理解する。もっとも面接においては，前に行われた面接の評価がある場合をのぞいては，この理解は行われない。

　第二の方法は，自分で相手を理解するということである。これは他者を理解するために最もしばしば使う方法であり，これによってより精密に理解できるといえる。他者を理解したり，しなかったりする際には，自分自身の中にある知覚装置，思考，感情，知識を自由に駆使する。従って理解する側の人間は，その立場からしか相手を理解できない。面接においては，教育現場で仕事に携わっている視点から物事を見ているので，現場では役に立たないような意見を面接官は理解できないということである。

　第三の方法は，最も意味の深いものであると同時に，最も要求水準が高いものでもある。他者とともに理解するということである。この理解の仕方は，ただ両者共通の人間性のみを中心に置き，相手とともにいて，相手が何を考え，どう感じているか，その人の周囲の世界をどのようにみているかを理解するように努める。面接において，こうした理解までお互いに到達することは非常に困難を伴うといえるだろう。

　従って，面接における理解は，主に第二の方法に基づいて行われると考えられる。

■■ よりよく理解するために──────────

　最後に面接官が面接を行う上でどのような点を注目し，どのように受験者を理解しようとするのかについて触れておこう。

　まず話し過ぎ，沈黙し過ぎについて。話し過ぎている場合，面接官は受験者を気に入るように引き回される。また，沈黙し過ぎのときは，両者の間に不必要な緊張が生まれてしまう。もっとも，沈黙は面接に

おいて，ときには非常に有用に機能する。沈黙を通して，面接官と受験者がより近づき，何らかを分かち合うこともある。また，同じ沈黙が，二人の溝の開きを見せつけることもある。また混乱の結果を示すこともある。

　また面接官がよく用いる対応に，言い直し，明確化などがある。言い直しとは，受験者の言葉をそのまま使うことである。言い直しはあくまでも受験者に向けられたもので，「私はあなたの話を注意深く聞いているので，あなたが言ったことをもう一度言い直せますよ。私を通してあなたが言ったことを自分の耳で聴き返してください」という意思表示である。

　明確化とは，受験者が言ったこと，あるいは言おうとしたことを面接官がかわって明確にすることである。これには2つの意味があると考えられている。面接官は受験者が表現したことを単純化し意味を明瞭にすることにより，面接を促進する。あるいは，受験者がはっきりと表現するのに困難を感じているときに，それを明確化するのを面接官が手伝ってやる。そのことによって，受験者と面接官とが認識を共有できるのである。

面接試験の秘訣

社会情勢の変動とともに年々傾向の変動が見られる面接試験。これからの日常生活でふだん何を考え，どういった対策をすべきかを解説する。

■■■ 変わる面接試験

　数年前の面接試験での質問事項と最近の面接試験の質問事項を比較してみると，明らかに変わってきている。数年前の質問事項を見てみると，個人に関する質問が非常に多い。「健康に問題はないか」「遠隔地勤務は可能か」「教師を志した理由は」「卒論のテーマは」「一番印象に残っている教師は」などといったものがほとんどである。「指導できるクラブは何か」というものもある。その他には，「今日の新聞の一面の記事は何か」「一番関心を持っている社会問題は何か」「最近読んだ本について」「今の若者についてどう思うか」「若者の活字離れについて」「日本語の乱れについて」「男女雇用機会均等法について」「国際化社会について」「高齢化社会について」といった質問がされている。そして，教育に関連する質問としては，「校則についてどう考えるか」「～県の教育について」「学校教育に必要なこと」「コンピュータと数学教育」「生徒との信頼関係について」「社会性・協調性についてどう考えるか」「生涯教育について」「登校拒否について」といったものが質問されている。また「校内球技大会の注意事項」「教室でものがなくなったときの対処法」「家庭訪問での注意事項」「自分ではできそうもない校務を与えられたときはどうするか」「無気力な子供に対してどのような指導をするか」といった質問がされていたことが分かる。

　もちろんこれらの質問は今日も普遍的に問われることが多いが，さ

らに近年の採用試験での面接試験の質問事項では，「授業中に携帯メールをする生徒をどう指導するか」，「トイレから煙草の煙が出ているのを見つけたらどうするか」，「生徒から『先生の授業は分からないから出たくない』と言われたらどうするか」といった具体的な指導方法を尋ねるものが大幅に増えているのである。では，面接試験の質問内容は，どうしてこのように変化してきたのであろうか。

■■ 求められる実践力————————

　先にも述べたように，今日，教師には，山積した問題に積極的に取り組み，意欲的に解決していく能力が求められている。しかも，教師という職業柄，1年目から一人前として子供たちの指導に当たらなくてはならない。したがって，教壇に立ったその日から役に立つ実践的な知識を身に付けていることが，教師としての前提条件となってきているのである。例えば，1年目に担任したクラスでいじめがあることが判明したとする。その時に，適切な対応がとられなければ，自殺という最悪のケースも十分予想できるのである。もちろん，いじめに対する対処の仕方に，必ずこうしなくてはならないという絶対的な解決方法は存在しない。しかし，絶対にしてはいけない指導というものはあり，そうした指導を行うことによって事態を一層悪化させてしまうことが容易に想像できるものがある。そうした指導に関する知識を一切持たない教師がクラス経営を行うということは，暗闇を狂ったコンパスを頼りに航海するようなものである。

　したがって，採用試験の段階で，教師として必要最低限の知識を身に付けているかどうかを見極めようとすることは，至極当然のことである。教師として当然身に付けていなければいけない知識とは，教科指導に関するものだけではなく，教育哲学だけでもなく，今日の諸問題に取り組む上で最低限必要とされる実践的な知識を含んでいるのである。そして，そうした資質を見るためには，具体的な状況を設定して，対処の仕方を問う質問が増えてくるのである。

■■ 面接試験の備え────────

　実際の面接試験では，具体的な場面を想定して，どのような指導をするか質問されるケースが非常に多くなってきている。その最も顕著な例は模擬授業の増加である。対策としては，自己流ではない授業案を書く練習を積んでおかなくてはならない。

　また，いじめや不登校に対する対応の仕方などについては，委員会報告や文部科学省の通達などが出ているので，そうしたものに目を通して理解しておかなくてはいけない。

■■ 面接での評価ポイント────────

面接は人物を評価するために行う。

①面接官の立場から

　ア．子供から信頼を受けることができるであろうか。

　イ．保護者から信頼を受けることができるであろうか。

　ウ．子供とどのようなときも，きちんと向き合うことができるであろうか。

　エ．教えるべきことをきちんと教えることができるであろうか。

②保護者の立場から

　ア．頼りになる教員であろうか。

　イ．わが子を親身になって導いてくれるであろうか。

　ウ．学力をきちんとつけてくれるであろうか。

　エ．きちんと叱ってくれるであろうか。

■■ 具体的な評価のポイント────────

①第一印象(はじめの1分間で受ける感じ)で決まる

　服装，身のこなし，表情，言葉遣いなどから受ける感じ

②人物評価

　ア．あらゆるところから誠実さがにじみ出ていなければならない。

　イ．歯切れのよい話し方をする。簡潔に話し，最後まできちんと聞く。

ウ．願書等の字からも人間性がのぞける。上手下手ではない。

エ．話したいことが正しく伝わるよう，聞き手の立場に立って話す。

③回答の仕方

ア．問いに対しての結論を述べる。理由は問われたら答えればよい。理由を問われると予想しての結論を述べるとよい。

イ．質問は願書や自己PRを見ながらするであろう。特に自己PRは撒き餌である。

ウ．具体的な方策を問うているのであって，タテマエを求めているのではない。

■■ 集団討論では平等な討議──────────

①受験者間の意見の相違はあって当然である。だからこそ討議が成り立つのであるが，食い下がる必要はない。

②相手の意見を最後まで聞いてから反論し，理由を述べる。

③長々と説明するなど，時間の独り占めは禁物である。持ち時間は平等にある。

④現実を直視してどうするかを述べるのはよい。家庭教育力の低下だとか「今日の子供は」という批判的な見方をしてはならない。

面接試験の心構え

■■ 教員への大きな期待────────

　面接試験に臨む心構えとして，今日では面接が1次試験，2次試験とも実施され，合否に大きな比重を占めるに至った背景を理解しておく必要がある。

　教員の質への熱くまた厳しい視線は，2009年4月から導入された教員免許更新制の実施としても制度化された(2022年7月廃止予定)。

　さらに，令和3年1月に中央教育審議会から答申された『令和の日本型学校教育』の構築を目指して～全ての子供たちの可能性を引き出す，個別最適な学びと，協働的な学びの実現～」では，教師が教師でなければできない業務に全力投球でき，子供たちに対して効果的な教育活動を行うことができる環境を作っていくために，国・教育委員会・学校がそれぞれの立場において，学校における働き方改革について，あらゆる手立てを尽くして取組を進めていくことが重要であるとされている。

　様々な状況の変化により，これからますます教師の力量が問われることになる。さらに，子供の学ぶ意欲や学力・体力・気力の低下，様々な実体験の減少に伴う社会性やコミュニケーション能力の低下，いじめや不登校等の学校不適応の増加，LD(学習障害)，ADHD(注意欠陥/多動性障害)や高機能自閉症等の子供への適切な支援といった新たな課題の発生など，学校教育をめぐる状況は大きく変化していることからも，これからの教員に大きな期待が寄せられる。

■■ 教員に求められる資質────────

　もともと，日本の学校教育制度や教育の質は世界的に高水準にあると評価されており，このことは一定の共通認識になっていると思われる。教師の多くは，使命感や誇りを持っており，教育的愛情をもって

子供に接しています。さらに，指導力や児童生徒理解力を高めるため，いろいろな工夫や改善を行い，自己研鑽を積んできている。このような教員の取り組みがあったために，日本の教員は高い評価を得てきている。皆さんは，このような教師たちの姿に憧れ，教職を職業として選択しようとしていることと思われる。

　ただ一方で，今日，学校教育や教員をめぐる状況は大きく変化しており，教員の資質能力が改めて問い直されてきているのも事実です。文部科学省の諮問機関である中央教育審議会では，これらの課題に対し，①社会構造の急激な変化への対応，②学校や教員に対する期待の高まり，③学校教育における課題の複雑・多様化と新たな研究の進展，④教員に対する信頼の揺らぎ，⑤教員の多忙化と同僚性の希薄化，⑥退職者の増加に伴う量及び質の確保の必要性，を答申している。

　中央教育審議会答申(「教職生活の全体を通じた教員の資質能力の総合的な向上方策について」2012年)では，これからの教員に求められる資質能力を示してる。

(i)　教職に対する責任感，探究力，教職生活全体を通じて自主的に学び続ける力(使命感や責任感，教育的愛情)

(ii)　専門職としての高度な知識・技能
　・教科や教職に関する高度な専門的知識(グローバル化，情報化，特別支援教育その他の新たな課題に対応できる知識・技能を含む)
　・新たな学びを展開できる実践的指導力(基礎的・基本的な知識・技能の習得に加えて思考力・判断力・表現力等を育成するため，知識・技能を活用する学習活動や課題探究型の学習，協働的学びなどをデザインできる指導力)
　・教科指導，生徒指導，学級経営等を的確に実践できる力

(iii)　総合的な人間力(豊かな人間性や社会性，コミュニケーション力，同僚とチームで対応する力，地域や社会の多様な組織等と連携・協働できる力)

　また，中央教育審議会答申(「今後の教員養成・免許制度の在り方について」2006年)では，優れた教師の3要素が提示されている。

① 　教職に対する強い情熱
　　教師の仕事に対する使命感や誇り，子どもに対する愛情や責任感など
② 　教育の専門家としての確かな力量
　　子ども理解力，児童・生徒指導力，集団指導の力，学級づくりの力，学習指導・授業づくりの力，教材解釈の力など
③ 　総合的な人間力
　　豊かな人間性や社会性，常識と教養，礼儀作法をはじめ対人関係能力，コミュニケーション能力などの人格的資質，教職員全体と同僚として協力していくこと

　さらに中央教育審議会答申(「これからの学校教育を担う教員の資質能力の向上について～学び合い，高め合う教員育成コミュニティの構築に向けて～」2015年)では，新たにこれからの時代の教員に求められる資質能力が示された。

(i) 　これまで教員として不易とされてきた資質能力に加え，自律的に学ぶ姿勢を持ち，時代の変化や自らのキャリアステージに応じて求められる資質能力を生涯にわたって高めていくことのできる力や，情報を適切に収集し，選択し，活用する能力や知識を有機的に結びつけ構造化する力などが必要である。
(ii) 　アクティブ・ラーニングの視点からの授業改善，道徳教育の充実，小学校における外国語教育の早期化・教科化，ICTの活用，発達障害を含む特別な支援を必要とする児童生徒等への対応などの新たな課題に対応できる力量を高めることが必要である。
(iii) 　「チーム学校」の考えの下，多様な専門性を持つ人材と効果的に連携・分担し，組織的・協働的に諸課題の解決に取り組む力の醸成が必要である。

　時代の変革とともに，アクティブ・ラーニングやチーム学校など，

求められる教師の資質や能力も変わっていく。時代に対応できる柔軟性のある教師が求められる。

■■ 面接試験の種類とその概要————————

　面接は，基本的に個人面接，集団面接，集団討論，模擬授業の4種類に分けられるが，現在，多様な方法で，その4種類を適宜組み合わせて実施しているところが多くなっている。例えば，模擬授業の後で授業に関する個人面接をしたり，集団討論と集団面接を組み合わせている。また模擬授業も場面指導・場面対応などを取り入れているところが増えてきた。

　文部科学省の調査によると，面接官は主に教育委員会事務局職員や現職の校長，教頭などであるが，各自治体は，これに加えて民間企業担当者，臨床心理士，保護者等の民間人等を起用している。次にそれぞれの面接の概要を紹介する。

 受験者1人に対して，面接官2〜3人で実施される。1次試験の場合は「志願書」に基づいて，2次試験の場合は1次合格者にあらかじめ記入させた「面接票」に基づいて質問されることが一般的で，1人当たり10分前後の面接時間である。

　1次試験と2次試験の面接内容には大差はないが，やや2次試験の方が深く，突っ込んで聞かれることが多いと言える。

　質問の中でも，「教員志望の動機」，「教員になりたい学校種」，「本県・市教員の志望動機」，「理想の教師像・目指す教師像」などは基本的なことであり，必ず聞かれる内容である。「自己アピール」とともに，理由，抱負，具体的な取組などをぜひ明確化しておく必要がある。

　また，「志願書」を基にした質問では，例えば部活動の経験や，卒業論文の内容，ボランティア経験などがある。必ず明確に，理由なども含めて答えられるようにしておくことが必要である。そのために「志願書」のコピーを取り，突っ込んで聞かれた場合の対策を立てておくことを勧める。

集団面接は受験者3～8名に対して面接官3名で実施される。1次試験で実施するところもある。したがって個人面接と質問内容には大差はない。例えば，「自己アピール」をさせたり，「教員として向いているところ」を聞いたりしている。

ただ1次試験の面接内容と違うところは，先に述べたように，多くの自治体が2次試験受験者に対してあらかじめ「面接票」を書かせて当日持参させて，その内容に基づいて聞くことが多い。したがって，記載した内容について質問されることを想定し，十分な準備をしておく必要がある。例えば，「卒業論文のテーマ」に対して，テーマを設定した理由，研究内容，教師として活かせることなどについて明確化しておく必要がある。ボランティア経験なども突っ込んで聞かれることを想定しておく。

今日では集団面接は受験番号順に答えさせるのではなく，挙手をさせて答えさせたり，受験者によって質問を変えたりする場合が多くなっている。

集団面接では，個人面接と同様に質問の内容自体は難しくなくても，他の受験生の回答に左右されないように，自分の考えをしっかりと確立しておくことが重要である。

 面接官3名に対して，受験者5～8名で与えられたテーマについて討論する。受験者の中から司会を設けさせるところと司会を設けなくてもよいところ，結論を出すように指示するところと指示しないところがある。

テーマは児童生徒への教育・指導に関することが中心で，討論の時間は30～50分が一般的である。

採用者側が集団討論を実施する意図は，集団面接以上に集団における一人ひとりの資質・能力，場面への適応力，集団への関係力，コミュニケーション力などを観て人物を評価したいと考えているからである。そして最近では，個人面接や集団面接では人物を判断しきれないところを，集団討論や模擬授業で見極めたいという傾向が見受けられる。よって受験者仲間と討論の練習を十分に行い，少し

でも教育や児童生徒に対する幅広い知識を得ることはもちろんのこと，必ず自分の考えを構築していくことが，集団討論を乗り切る「要」なのである。

一般に模擬授業は教科の一部をさせるものであるが，道徳や総合的な学習の時間，学級指導などを行わせるところもある。

時間は8分前後で，導入の部分が一般的であるが，最近は展開部分も行わせることもある。直前に課題が示されるところ，模擬授業前に一定の時間を与え，学習指導案を書かせてそれを基に授業をさせるところ，テーマも抽選で自分である程度選択できるところもある。また他の受験生を児童生徒役にさせるところ，授業後，授業に関する個人面接を実施するところなど，実施方法は実に多様である。

ある県では，1次合格者に対して2次試験当日に，自分で設定した単元の学習指導案をもとに授業をさせて，後の個人面接で当該単元設定の理由などを聞いている。またある県では，授業後の個人面接で自己採点をさせたり，授業について質問している。

学級指導を行わせる自治体もある。例えば，福祉施設にボランティアに出かける前の指導や修学旅行前日の指導，最初の学級担任としての挨拶をさせるものなどである。

模擬授業は，集団討論と同様，最近は非常に重要視されている。時間はわずか8分前後であるが，指導内容以上に，与えられた時間内にどれだけ児童生徒を大切にした授業をしようとしたか，がポイントである。それだけに受験生は「授業力」を付ける練習を十分にしておくことが必要である。

模擬授業の一方法と言えるが，設定される課題が生徒指導に関することや，児童生徒対応，保護者対応・地域対応に関するものが主である。個人面接の中で設定される場合もある。

最近の児童生徒の実態や保護者対応などが課題になっていることを受けて，多くのところで実施されるようになってきた。

　例えば，「授業中に児童が教室から出て行きました。あなたはどうしますか」とか「あなたが授業のために教室に行ったところ，生徒たちが廊下でたむろして教室に入らないので指導して下さい」，「学級の生徒の保護者から，明日から学校に行かせないとの連絡がありました。担任としてどうするか，保護者に話してください」など，教員になれば必ず直面するテーマが設定されている。

　日頃から，自分が教員になった場合の様々な場面を想定して，自分の考えや対応の方法などの構築を進めていくことが必要である。そのためには，集団討論や模擬授業と同様に十分な練習を行うことが必要である。

■■ 面接試験に臨むために準備すること――――――――

準備のための基本的な視点は次の3点である。

(1)　面接会場の多くは学校の教室である。暑い最中での面接であるから，心身の状態をベストにして臨むことが極めて重要である。

　　面接のためだけでなく，教職自体が予想以上に心身のタフさが求められることを念頭において，日頃から試験当日に向けて心身の健康の保持に留意すること。

(2)　面接は人物評価の「要」となっているだけに，受験者は「自分をアピールする・売り込む」絶好の機会と捉えて，当日に向けての十分な準備・対策を進めることが極めて大切である。

(3)　自分の受験する自治体の教育施策を熟知し，多様な面接内容などに対処できるようにすることが大切である。

試験対策前の事前チェック

■■ 面接試験の準備状況をチェックする————————

　まず面接試験に向けた現在の準備状況を20項目の「**準備状況のチェック**」で自己チェックし，その合計得点から準備の進み具合について調べ，これからどのような準備や学習が必要なのかを考えよう。「はい」「少しだけ」「いいえ」のどれかをマークし，各点数の合計を出す。
(得点：はい…2点，少しだけ…1点，いいえ…0点)

Check List 1 準備状況のチェック

	はい	少しだけ	いいえ
① 態度・マナーや言葉づかいについてわかっている	○	○	○
② 自分の特技や特長が説明できる	○	○	○
③ 自分なりの志望の動機を答えられる	○	○	○
④ 自己PRが短時間でできる	○	○	○
⑤ 自分の能力や教員としての適性について説明できる	○	○	○
⑥ 教育に対する考えを明確に説明することができる	○	○	○
⑦ 自分の目指す教師像について説明できる	○	○	○
⑧ 教師として何を実践したいか説明できる	○	○	○
⑨ 希望する校種が決まっている	○	○	○
⑩ 卒論の内容について具体的に説明できる	○	○	○
⑪ 面接試験の内容や方法についてわかっている	○	○	○
⑫ 面接の受け方がわかっている	○	○	○
⑬ 面接試験で何を質問されるのかわかっている	○	○	○
⑭ 模擬面接を受けたことがある	○	○	○
⑮ 集団討議でディスカッションする自信がある	○	○	○
⑯ 模擬授業での教科指導・生徒指導に自信がある	○	○	○
⑰ 受験要項など取り寄せ方やWeb登録を知っている	○	○	○
⑱ 書類など何をそろえたらよいのかわかっている	○	○	○
⑲ 書類などの書き方がわかっている	○	○	○
⑳ 試験当日の準備ができている	○	○	○

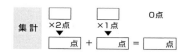

集 計　[　]×2点　[　]×1点　0点

[　]点 ＋ [　]点 ＝ [　]点

診断

0〜14点	15〜29点	30〜40点
少々準備不足である。他の受験者に遅れを取らないように頑張ろう。	順調に準備が進んでいる。さらに本番に向けて準備を進めよう。	よく準備ができている。自分の考えを整理して，本番に備えよう。

■■■ 教職レディネスをチェックする────────

　教員採用試験を受験する前に，教員になるための準備がどの程度できているだろうか。教員の職務に必要とされている様々な能力や適性について，まずは確認してみることが必要である。

　教員の職務に必要な能力・適性を，(1)　事務処理，(2)　対人関係，(3)　教育力・指導力 に分け，それぞれについて，教員になるための準備の程度について考えてみたい。次のチェックシートを使って，自分の教職に対するレディネス(準備性)を評価してみる。CとDの項目については，改善のためのアクションプラン(行動計画)を考えるとよい。

(1)　事務処理能力をチェックする

　教育事務は教育活動の中でも，生徒指導を支える重要な役割を果たすものである。学校としてのあらゆる教育計画を企画・立案したり，生徒指導のための資料を収集・整理し，活用できるようにまとめたりすることも，事務処理の優れた能力がなければ実践していくことはできない。教職レディネスとしての事務的能力について，以下の項目をAからDで評価する。

Check List 2 事務処理能力のチェック

A：十分できる　B：できる　C：あまりできない　D：できない

① 言われたことを正しく理解し，実行できる　　Ⓐ─Ⓑ─Ⓒ─Ⓓ

② 計画的に行動し，適正に評価することができる　Ⓐ─Ⓑ─Ⓒ─Ⓓ

③ 根気強く資料を作ったり，検討することができる　Ⓐ─Ⓑ─Ⓒ─Ⓓ

④ 物事を正確で丁寧に処理できる　　　　　　　Ⓐ—Ⓑ—Ⓒ—Ⓓ

⑤ 計算を速く間違いなくできる　　　　　　　　Ⓐ—Ⓑ—Ⓒ—Ⓓ

⑥ 記録を付けたり, データを解釈することができる　Ⓐ—Ⓑ—Ⓒ—Ⓓ

⑦ 文字や数字などを速く正確に照合できる　　　Ⓐ—Ⓑ—Ⓒ—Ⓓ

⑧ 文章を理解し, 文章で自分の考えを伝えられる　Ⓐ—Ⓑ—Ⓒ—Ⓓ

⑨ データをグラフ化したり, 考えを図式化できる　Ⓐ—Ⓑ—Ⓒ—Ⓓ

⑩ 分析したり, まとめたり, 計画を立てられる　　Ⓐ—Ⓑ—Ⓒ—Ⓓ

(2)　対人関係能力をチェックする

　教育は人と人との関わりを通して行われるものであり, 児童・生徒は教師の人格や対人関係能力などによって大きな影響を受けるものである。児童・生徒への適切な指導や保護者との連携, 地域との関わり, 先輩教員とのコミュニケーションなど対人関係能力は教職にとって欠くことのできない基本的な要素だと言える。教職レディネスとしての対人関係能力について, 以下の項目を前述と同様にAからDで評価してみよう。

Check List 3 対人関係能力のチェック

A:十分できる　B:できる　C:あまりできない　D:できない

① 考えていることをうまく言葉で表現できる　　　Ⓐ—Ⓑ—Ⓒ—Ⓓ

② あまり神経質でなく, 劣等感も少ない　　　　　Ⓐ—Ⓑ—Ⓒ—Ⓓ

③ 社交性があり, 誰とでも協調していくことができる　Ⓐ—Ⓑ—Ⓒ—Ⓓ

④ 初対面でも気楽に話すことができる　　　　　　Ⓐ—Ⓑ—Ⓒ—Ⓓ

⑤ 相手に好感を与えるような話しぶりができる　　Ⓐ—Ⓑ—Ⓒ—Ⓓ

⑥ 奉仕的な気持ちや態度を持っている　　　　　　Ⓐ—Ⓑ—Ⓒ—Ⓓ

⑦ 何事にも, 機敏に対応できる　　　　　　　　　Ⓐ—Ⓑ—Ⓒ—Ⓓ

⑧ 相手の気持ちや考えをよく理解できる　　　　　Ⓐ—Ⓑ—Ⓒ—Ⓓ

⑨ 相手の立場になって考えたり, 行動できる　　　Ⓐ—Ⓑ—Ⓒ—Ⓓ

⑩ 他人をうまく説得することができる　　　　　　Ⓐ—Ⓑ—Ⓒ—Ⓓ

(3)　教育力・指導力をチェックする

　教師としての教育力や指導力は, 教員の職務上, もっとも重要な能力であると言える。教師として必要な知識や指導方法などを知ってい

ても，実際にそれらを活用して指導していけなければ何にもならない。教育力・指導力は，教育活動の中で生徒指導を実践していくための教職スキルであると言うことができる。教職レディネスとしての教育力・指導力について，以下の項目をAからDで評価してみよう。

Check List 4 教育力・指導力のチェック

A：十分できる　B：できる　C：あまりできない　D：できない

① 責任感が強く，誠実さを持っている　　Ⓐ━Ⓑ━Ⓒ━Ⓓ

② 児童・生徒への愛情と正しい理解を持っている　Ⓐ━Ⓑ━Ⓒ━Ⓓ

③ 常に創意工夫し，解決へと努力することができる　Ⓐ━Ⓑ━Ⓒ━Ⓓ

④ 何事にも根気強く対応していくことができる　Ⓐ━Ⓑ━Ⓒ━Ⓓ

⑤ 正しいことと悪いことを明確に判断し行動できる　Ⓐ━Ⓑ━Ⓒ━Ⓓ

⑥ 人間尊重の基本精神に立った教育観を持っている　Ⓐ━Ⓑ━Ⓒ━Ⓓ

⑦ 教科に関する知識や指導方法などが身に付いている　Ⓐ━Ⓑ━Ⓒ━Ⓓ

⑧ 問題行動には毅然とした態度で指導することができる　Ⓐ━Ⓑ━Ⓒ━Ⓓ

⑨ 研究や研修に対する意欲を持っている　Ⓐ━Ⓑ━Ⓒ━Ⓓ

⑩ 教科に関する知識や指導方法などが身に付いている　Ⓐ━Ⓑ━Ⓒ━Ⓓ

⑪ 授業を計画したり実践する力がある　Ⓐ━Ⓑ━Ⓒ━Ⓓ

⑫ 教育公務員としての職務を正しく理解している　Ⓐ━Ⓑ━Ⓒ━Ⓓ

⑬ 学習指導要領の内容をよく理解できている　Ⓐ━Ⓑ━Ⓒ━Ⓓ

■■ 面接の心構えをチェックする————————

　面接への心構えはもうできただろうか。面接試験に対する準備状況をチェックしてみよう。できている場合は「はい」，できていない場合は「いいえ」をチェックする。

Check List 5 面接の心構えのチェック

はい　　いいえ

① 面接に必要なマナーや態度が身に付いているか　◯━◯

② 面接でどのような事柄が評価されるかわかっているか　◯━◯

③ 面接にふさわしい言葉づかいができるか　◯━◯

④ 受験先のこれまでの面接での質問がわかっているか　◯━◯

⑤ 話をするときの自分のくせを知っているか　◯━◯

⑥ 教員の仕事について具体的に理解しているか ⟨○━━○⟩

⑦ 必要な情報が集められているか確認したか ⟨○━━○⟩

⑧ 志望した動機について具体的に話せるか ⟨○━━○⟩

⑨ 志望先の教育委員会の年度目標などを説明できるか ⟨○━━○⟩

⑩ 志望先の教育委員会の教育施策について説明できるか ⟨○━━○⟩

■■ 面接試験の意義————————

　教員採用試験における筆記試験では，教員として必要とされる一般教養，教職教養，専門教養などの知識やその理解の程度を評価している。また，論作文では，教師としての資質や表現力，実践力，意欲や教育観などをその内容から判断し評価している。それに対し，面接試験では，教師としての適性や使命感，実践的指導能力や職務遂行能力などを総合し，個人の人格とともに人物評価を行おうとするものである。

　教員という職業は，児童・生徒の前に立ち，模範となったり，指導したりする立場にある。そのため，教師自身の人間性は，児童・生徒の人間形成に大きな影響を与えるものである。そのため，特に教員採用においては，面接における人物評価は重視されるべき内容と言える。

■■ 面接試験のねらい————————

　面接試験のねらいは，筆記試験ではわかりにくい人格的な側面を評価することにある。面接試験を実施する上で，特に重視される視点としては次のような項目が挙げられる。

(1)　人物の総合的評価

　面接官が実際に受験者と対面することで，容姿，態度，言葉遣いなどをまとめて観察し，人物を総合的に評価することができる。これは，面接官の直感や印象によるところが大きいが，教師は児童・生徒や保護者と全人的に接することから，相手に好印象を与えることは好ましい人間関係を築くために必要な能力といえる。

(2)　性格，適性の判断

　面接官は，受験者の表情や応答態度などの観察から性格や教師としての適性を判断しようとする。実際には，短時間での面接のため，社会的に，また，人生の上からも豊かな経験を持った学校長や教育委員会の担当者などが面接官となっている。

(3)　志望動機，教職への意欲などの確認

　志望動機や教職への意欲などについては，論作文でも判断することもできるが，面接では質問による応答経過の観察によって，より明確に動機や熱意を知ろうとしている。

(4)　コミュニケーション能力の観察

　応答の中で，相手の意志の理解と自分の意思の伝達といったコミュニケーション能力の程度を観察する。中でも，質問への理解力，判断力，言語表現能力などは，教師として教育活動に不可欠な特性と言える。

(5)　協調性，指導性などの社会的能力(ソーシャル・スキル)の観察

　ソーシャル・スキルは，教師集団や地域社会との関わりや個別・集団の生徒指導において，教員として必要とされる特性の一つである。これらは，面接試験の中でも特に集団討議(グループ・ディスカッション)などによって観察・評価されている。

(6)　知識，教養の程度や教職レディネス(準備性)を知る

　筆記試験において基本的な知識・教養については評価されているが，面接試験においては，更に質問を加えることによって受験者の知識・教養の程度を正確に知ろうとしている。また，具体的な教育課題への対策などから，教職への準備の程度としての教職レディネスを知ることができる。

個人面接・集団面接対策

　面接の形式には様々な工夫があり，個人面接の前半で模擬授業を実施したり，グループで共同作業をさせたりと各都道府県でも毎年少しずつ変更している。具体的な内容は受験先の傾向を調べる必要があるが，ここではその基本的な形式として個人面接と集団面接について解説する。

■ ■ 面接試験の形式────────

個人面接

■形式　面接官が2〜3人程度

　1対1の単独面接はあまり実施されず，複数の面接官の判断により，客観性を高めている。面接官の間で質問の内容や分野を分担している場合と自由に質問する場合がある。また，質問しているときにその他の面接官が応答の仕方や態度を観察することがある。最近では模擬授業を組み入れるところも多くなってきた。

■時間　10〜20分程度

■特徴　受験者の個々の事情に即して質問することができ，問題点なども必要に応じて追求していくことができる。また，受験者の人柄をより深く理解することができ，個人的側面を評価するためには有効な方法としてほとんどの採用試験で実施されている。ただし，集団になったときの社会的な側面が判断しにくいことなどが難点とし

て挙げられる。

■**ポイント**　答えるときには，慌てずにゆっくりと自分のペースで話すようにし，質問した面接官に顔を向けるようにする。

> ### 集団面接

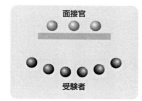 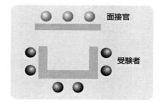

■**形式**　受験者が5～8人程度で面接官が2～5人程度

　同じ質問を一人ずつ順番に答えたり，質問内容が一人ずつ変わったりする。

■**時間**　30～40分程度

■**特徴**　質問内容は個人面接とさほど変わらないが，数人を同時に面接できるので時間が短縮でき，受験者の比較がしやすい。

　受験者が複数なので緊張感が少ないが，他人の意見に影響されたり，ライバル意識が強くなり，余計なことをしゃべり過ぎることがある。

■**ポイント**　他の受験者の質問にも常に耳を傾け，いつ同じ質問をされてもいいように準備しておく。他の受験者と比較されるため，自分の意見をはっきりと話せるようにしておく。

■■ 質問の内容

①人柄

　面接における人物の評価は，身近な話題を通して総合的に評価される。受験者の内面を知るためには，次のようなチェックポイントがある。

- 明るさや素直さ，若々しさなどの性格面
- 物事についての興味や熱意などの意欲面

- 生き方や価値観，物事についての考え方
- 基本的な常識や教養
- 社会人としての自覚

②自己紹介

　　履歴書，身上書やその他提出書類の内容と違っていては困る。学校生活での経験などをまじえて，わかりやすく自分を表現するようにする。

③教員志望の動機

　　受験する都道府県の特徴や教育施策などをよく調べて必要なところはまとめておくことが大切である。受験地のどこにひかれたのか，また，自分の特性から教職への適性について主張する。

④教師としての抱負

　　教師になって，やりたい事や夢について，短く話せるようにまとめておく。

■■ 個人面接・集団面接実施の手順とポイント————————

●手順と質問例

1　入室・着席

- 受験番号と名前を言ってから座ってください。

2　導入のための質問

- 自己紹介を簡単にしてください。
- 今日は，どのようにして面接会場まできましたか。
- 今日の面接のために，何か準備をしてきましたか。

3　一般質問(人柄・性格を判断)

- 大学でのクラブ・サークル活動について話してください。
- 大学のゼミではどんなことをしていましたか。
- 大学生活で一番思い出に残っていることは何ですか。

4　教職・教育に関する質問

- なぜ教師になりたいのですか。志望動機を聞かせてください。
- 教師になって何をしたいですか。

- あなたが考える理想の教師とはどのような教師でしょうか。
- 教育実習でどのような経験をしましたか。

5 **生徒指導に関する質問**
- クラスでいじめがあったとき，担任としてどうしますか。
- 不登校の生徒に対してどのように指導していきますか。
- 生徒の個性を生かす教育について，その方法と可能性は。

6 **社会活動・ボランティア活動に関する質問**
- あなたは今までにボランティア活動をしたことがありますか。
- ボランティア活動からどのようなことを学びましたか。
- 学校と地域との関わりをどう深めていきますか。

■■ 面接評価の観点———————

[1] 態度，礼儀

　人物評価としての人柄を判断するときに，その人の態度や礼儀は評価を左右する大きなポイントである。第一印象といったものは，その後の質問内容や受験者の判定までもかえてしまうものである。

評価の観点
- 姿勢がきちんとして礼儀正しいか
- 落ち着きがあるか
- 品位があり，好感がもてるか
- 表情に好感がもてるか(明るく，誠実，意欲的)
- 謙虚さがうかがえるか

[2] 服装，身だしなみ

　面接試験を受けるときには，きちんとした服装，身だしなみが重視される。採用試験にのぞむ意欲や誠意のあらわれとして評価されるものである。教師として相手から好感をもたれる服装，身だしなみは大切なことである。

評価の観点
- 清潔感のある服装か
- 教師として誠実さが表れる服装か

- 髪型をきちんとそろえてあるか
- 服の着こなしなど，身だしなみは整っているか
- 髭，爪，靴など気を配っているか

[3] 話し方

自分の考えていることを正しく相手に伝えられなければ，教師としての仕事はできない。相手にわかりやすく，好感のもたれる話し方をすることが教師としての第一の条件ともいえる。

評価の観点

- 言語が明瞭であるか
- 話の速度・声量が適切であるか
- 落ち着いてよく考えてから発言しているか
- 好感のもてる話し方か
- 敬語等きちんと使えているか

[4] 積極性

何事にも積極的に取り組む人を教育現場では求めている。積極的に新しいことに取り組み，学ぼうといった姿勢がなければ，面接官としても採用の意欲がなくなってしまう。

評価の観点

- 話し方に積極性が感じられるか
- 前向きな考え方ができるか
- 最後までやりぬく意志があるか
- 創造的に取り組もうとしているか
- 応答に意欲が感じられるか

[5] 協調性

教育者として最も大切な資質の一つに，他の教師と協力して職務をやり遂げるといったことがある。相手の意見を聞き，自分の意見も伝えることができ，食い違いを歩み寄り，まとめていく能力はチームワークとして教育活動を実践していく上で，もっとも重要なものである。

評価の観点

- 相手の立場を理解しようとしているか
- 自分から協力しようとする姿勢をもっているか
- 相手に合わせて自分の考えを伝えられるか
- 協力して課題解決へ導こうとしているか
- 他者の誤りや欠点に寛容であるか

[6] 堅実性

　どんなに積極的でアイディアにとんでいても，気紛れで無責任では人間としても失格といえる。やはり地道に努力し，誠実な人はだれからも信頼され，頼られるものである。

評価の観点

- 責任感があるか
- 真面目で誠実であるか
- 意志が強いか
- 地道に努力しているか
- 合理的に行動しようとしているか

[7] 表現力

　自分の考えていることを筋道を立てて相手に理解できるように伝えられないようでは，児童・生徒や保護者を説得したり，指導や協力を得ることができない。表現力は児童・生徒との対応や情報交換，説明，説得など教師としての能力として評価されるものである。

評価の観点

- 論旨一貫し，筋道の通った話ができるか
- 簡潔に内容を説明できているか
- 用語が適切で，語彙が豊富であるか
- 自分の考えを適切に表現できているか
- 説得力のある話し方か

[8] 理解力・判断力

　情報や状態を素早く的確に理解し判断することは，効果的な教育活動を実践するための大切な条件である。児童・生徒や保護者，ま

た先輩教師の言っていることが正しく理解できないようでは，教師としても務まらない。

評価の観点

- 質問の意図が正しく理解できているか
- 質問に対して適切な対応ができているか
- 的確な判断力をもっているか
- 感情に左右されず，冷静に判断できているか
- 自分勝手な解釈や早合点をしていないか

[9] 常識

教育活動を実践していくとき，一般的な社会常識は不可欠なものである。社会が学校教育に求めていることや，学校教育が果たす役割についても，政治，経済や教育事情など日常の出来事を通して理解を深め，幅広くバランスのよい知識を身につけておくことが大切である。

評価の観点

- 常識的な考え方ができているか
- 常識的な行動がとれているか
- 社会的問題についての関心はあるか
- 一般的な教養，常識，見識があるか
- 教育者としての常識的な価値判断ができるか

[10] 志望動機

志望する動機や理由が明確にしっかりとした内容で話ができなければ，採用試験の受験者としては失格である。

面接官は，なぜ本県(都道府市)で教員になりたいのか，率直に聞きたいはずである。自分の意思をはっきり伝えられるようにしよう。

評価の観点

- 自分の考えで明確に表現できているか
- 動機や理由がしっかりとしているか
- 本県(都道府市)で教師になる意欲がみられるか
- 他の質問との一貫性があるか

［11］ 資質

　教師として適性や資質は，教師として職務を遂行し，教育活動を実践していくときの意欲や実践力に大きな影響を与えるものである。この教職適性・資質は，受験者が教師に向くかどうかを判断する上で，重要な要素となるものである。

　評価の観点

- 学問や教育活動への研究心や向上心があるか
- 児童・生徒と一緒にいることが好きか
- 道徳的価値観に基づいた行動ができるか
- 専門についての知識は豊富か
- 問題解決のための具体的な実践ができるか

［12］ 教育観

　教育者となるためには，人間尊重の基本精神に立って，児童・生徒に対する正しい理解と愛情をもっていなければならない。教職に対する熱意と共に正しい教育観をもっていることが教師の必要条件である。その人の人間性と共に教育の捉え方がポイントとなる。

　評価の観点

- 教職に期待と熱意をもっているか
- 教員の職務に対して正しく理解しているか
- 人間尊重の基本精神に立った教育観をもっているか
- 子供への愛情と正しい理解があるか
- 教育の捉え方が偏っていないか

■■■ 個人面接試験に対する対応の基本─────────

①非言語的表現

○身形

　特別なことではないが，特異に感じられる服装や装飾品を身に付けることは，慎まなければならない。とくに服装については，個性の表現といわれるが，教員としてのわきまえを十分自覚して個性を発揮することである。

ア　服装

　面接官が見た第一印象が，すべてを決することにもなりかない。したがって，男子も女子もスーツが常識的である。また，ワイシャツやブラウスは，白いものの方が清潔感がある。もちろん，服装は，きちんとプレスの行き届いたものであるべきである。

イ　身だしなみ

　男子については，長髪や長いもみあげなどは好ましくないため，事前に理髪店で調髪しておくことであり，当日も，ひげはきちんと剃っておくことである。女子の場合，派手な色のマニキュアや濃いアイシャドウ・口紅は避けるべきで，イヤリングなどはつけない方がよい。化粧は，身だしなみ程度とし，極端なヘアカラーやパーマネントなどは論外である。基本は，子供たちの前での様子を示すということである。なお，事前に理髪店や美容院に行くことは，面接試験の前に，自らの様子を大きな鏡で確認できるということから，そのことでも意味のあることである。

○態度

　人の触れ合いは，礼に始まり，礼に終わるとはいえ，自らの人物が評価されるということから，礼以前の仕草も評価の対象になる，と考えることが大切である。すなわち，当日の行動のすべてが評価されるという気持ちでいると，にわか仕込みではないという気分になれるものである。しかし，緊張は禁物である。

　そこで，最も大切なことは，面接官に安堵感を与えることが肝要であり，無意識のうちに，そのような感じにさせることである。そのことで，参考になるのが，日本人のお客さんの態度である。

　その様子を簡潔に示すと，「ドアをノックしても，応答があるか，家の人がドアを開くまで，勝手にドアを開けない。」「あいさつが終わっても，どうぞお上がりくださいといわれるまで，勝手に靴を脱いで上がらない。」「座敷に通されて，座布団があるのに，直ぐ座布団に座らない。」「座布団をはずして，帰りのあいさつをする。」等である。

ア　息遣いを整える

　　入室前の控え室において，練習しておくことであるが，息は吐き出した方が落ち着くということ，例えば，「ホッとした。」とか，「アー良かったネ。」と発言する時を思い出すと，必ず息を吐き出しているものである。したがって，「一，二」，「一，二，三」と頭の中で数えながら，息を吸ったり吐き出したりしていると，少しは吐く息の方が多いようで，気分は落ち着くものである。したがって，面接会場のドアの前で，「一，二」，「一，二，三」と頭の中で数えながら，息を整えることである。

イ　入室

　　ドアをノックして，応答があってから，ドアを開き，「よろしくお願いします。」とあいさつして動かない。

ウ　指示を待つ

　　名前の確認があった場合，かならず「はい。」といってから受け答えをする。提出書類があり，その提出を求められたときは，「はい。」といって，指示されたところに持っていき，書類を提出した後，その場に立っている。さらに，椅子を示して，座るようにといわれたとき，「はい。」といい，椅子のところに行き，椅子の左横に立つ。

エ　着席

　　「座りなさい。」との声がかかったら，「はい，失礼します。」といい，椅子の背もたれに手を当て，少し椅子を後に下げてから，なるべく深く着席する。

オ　目線

　　面接官は，必ず複数で三人の時は，中央に主担当者がいる場合が多いのであるが，その場合でも，中央を向きつつ，目線は隣の面接官との間の後の壁にあてることである。

カ　姿勢の安定

　　手は，軽く丸め親指を握りしめないようにし，足のつま先を支点にして，両かかとをゆっくり(準静的)2～3cm上げる。止めてから，ゆっくり下げる。

キ　発言

　着席後，3〜4秒経つので，何らかの指示または発言を求められるはずである。その際，発声した面接官の方を向き，はじめは，必ず「はい。」といってから後を続けることである。

ク　面接終了後

　面接官に，「これで面接を終わります。」といわれたとき，「はい。」といって立ち上がり，半歩右に踏み出し，椅子をもとの位置にもどして，直立し「有り難うございました。」と発声する。

ケ　ドアまでの行動

　あいさつが終わった後，ドアの方に歩くとき，あること(その内容は後述する。)を考えながら歩くことである。このことは，正に，「考える人」なのであり，試験終了後の安堵感から，開放感に包まれたような態度では，決して歩かないはずである。

コ　退出

　ドアのところで立ち止まり，再び面接官の方を向き，「有り難うございました。」とあいさつしてから退出する。

※ドアの方に歩くときに考えること：当日の朝，試験会場に来るまでの間に真心を込めて，発声練習した言葉である。それは，前日，試験会場の下見をしていても，当日の朝，駅の駅員さんや売店の人あるいは交番のお巡りさんでも良いが，だれかに真剣に，会場までの道順を聞き，聞き終わった後の「有り難うございました。」である。この言葉と同じであったかと考えながら歩くのである。

②言語的表現

○文字

　このことは，自らに書けることがあればということであり，記述の際は，どの欄についても一字一字正しい文字で書き，他の人が見て，読みとれるようにすることである。この読みとれるとは，短時間で書き手の意図することが直ちに分かることである。

　したがって，小さな文字で，所狭しと文字を並べるのは，内容を生かしてもらえないため，あまり利口な表現とはいえない。さらに記述

したことについては，聞かれると思い，記述する際，何を求めているのかを十分考え，要点を明確にすることである。

ア　受験申込書

　　個人面接の際，面接官の手中にあるため，記述内容と応答内容にくい違いを生じさせないためにも，必ずその控えは持参することである。

イ　エントリーシート

　　個人面接の際，その会場で，用紙を渡されて記入し，提出する場合もある。したがって，受験申込書の控えを持参しているはずであるから，それを参考にしながら作成することであり，しかも，その際の筆記用具も同じものが使えるよう持参することである。

○発声

　面接における主たる要素が発声である。発声の仕方は，十分慣れているはずであるから，内容をよく考えて発声することである。つまり，発声した内容の修正は，ほとんど無理なことであり，よしんば修正したとしても，修正した事実も評価されるのである。

　本来，面接における評価は，面接官の主観によるものであるから，面接の場面でのすべてが評価の対象になると考えることで，問われている事柄に，適切に対応しなければならない。しかも，発問は，受験者だけに聞かせているのではなく，他の面接官にも聞かせているのであり，その応答は一様に期待されているのである。したがって，十分納得した上で応答しなければ，見当違いのものとなることがあり，その結果，多数で評価しているため，評価がバラバラになり，総合評価は，決して良くはならないものである。

ア　発声は，「はい。」から始める。

　　絶対に守ってもらいたい発声の1つは，発問が終わったら，「はい。」と発声することである。このことは，発問者に対する「了解」のサインであり，他の面接官に対しては，応答の予告にもなるからである。

　　次に，「不勉強です。」や「後で勉強します。」などの言い訳は，発声しないようにすることである。そのような場合，分からないこ

とは，「分かりません。」とはっきり発声し，自信のないことであっても，自らに考えがある場合は，そのことを述べることである。ただし，そのことが誤ったことであるかもしれないが，そのような場合も，全体の雰囲気から，それまで好感を与えていれば，次の質問で，その誤りを指摘するようなものがあるはずであるから，そのとき，誤りがはっきりしたならば，きっぱりと訂正することである。その結果，その質問に対する応答というより，人柄を評価してくれると思われる。

イ　応答は，簡潔に

応答する際，その内容を分かってもらおうと熱中し，一生懸命説明しようとしないことである。つまり，応答は，「結論」から述べ，次に，「その理由」を述べることであり，面接官がもっと聞きたいと思うようになることが望ましい。つまり，対話的になるのがよいのである。

ウ　言葉遣いの気配り

これまでの生活においてや地域の人々との触れ合いにおいて，最も重要な手段は言葉であったはずである。このことは，「相手に分かってもらう。」，「理解してもらう。」をはじめ，相手の意思を理解したことを示すにしても，基本的には言葉を通じてであるからである。したがって，明瞭で，分かりやすい用語が求められるのは，当然で，さらに，時と場合に応じた言葉遣いができなければならなかったはずである。

このように，これまでの生活を考えるまでもないことではあるが，言葉遣いにおいて大切なことで，最低限求められていることは，はっきりと発声し，とくに語尾をはっきりさせることである。

■■ **集団面接試験に対する対応の基本**————

①集団面接の形態

ア　質疑応答の面接

着席してから，質疑に入る前に点呼をとり，受験者の確認がある

はずである。その後，自己紹介という形で，それぞれに1分間ずつ時間が与えられる場合がある。ただし，このことは，必ずということではなく，各都道府県市によって異なる。それが終了してから，面接官が，予め用意してあった質問用紙を取り出し，質問内容を明らかにするという形式である。

　質問が読み上げられてからの応答であるが，必ず，わずかではあってもしばらくの時間が与えられるので，その間，じっくり考えることである。なお，応答についても，着席順であったり，挙手してという場合もある。また，指名によることもあるので，これらのことは指示に従うことである。

　なお，出題者は，その場での主担当者であるが，その内容については，他の担当者も手元にあるので，応答内容の査定については同等である。ところが，応答によっては，その内容に対する追加質問があるものである。その際は，主担当に限らず，すべての面接官がそれぞれ判断して発するので，応答に際して，主担当者のみならず他の面接官に対しても要注意である。

イ　意見陳述の面接

　着席してから質疑に入る前に点呼をとり，受験者の確認をすることは前述の場合と同じである。その後の自己紹介についても，同様であるが，これまでの傾向としては，こちらの形式での実施の例が多いようである。そこで，これらのことが終了した後であるが，すでに，着席した机の上に質問内容が記された用紙が配られているため，指示に従って，その内容を目にするのである。したがって，受験者は，それぞれが質問内容を知るということになる，という形式である。

　そこで，質問を読みとった後，必ず応答するまでの時間が与えられるので，その間，じっくり考えることである。その時間は，長くて3分で，多くは1分ぐらいと考えることである。その後の応答であるが，この形式の場合は，挙手してということが多い。それは，受験者自らの意見を陳述するのであるから，指示して発言を促すこと

は、当を得ていないからである。ただし、挙手がない場合は、着席順や面接官は受験者の状態を観察しているので、その様子で指名されることもある。

なお、この形式においては、受験者に指示を与えている面接官が主担当者であるが、あくまでも受験者の最初の意見が重視され、その後の追加質問等は、どの面接官から発せられるかは一定しないものである。

②集団面接の対応

集団面接には、「質疑応答」と「意見陳述」の2つの形式があり、それぞれの特徴がある。そのため、それぞれについての対応の仕方があるが、共通なことは、他の受験者と対比されるということである。このことは、それぞれの受験者の有する長所や短所が目立つということである。

ところが、発言の機会もそれほど多くはないのである。つまり、多くて全体の時間は4,50分ほどであるから、それぞれの発言時間を考えるとき、その機会も3,4回が限度である。しかも、1回の発言時間も予め予告され「1分以内」とされるようである。このことは、受験者の心得不足によるが、一般的に発言時間が長いからである。しかも、要領を得ない発言内容の場合も多く、いわゆる面接官泣かせなのである。したがって、発言中であっても、発言を中断するよう催促されることがあるので、このことについては、訓練しておくことも大切なことである。

なお、出題される課題等については、面接としては、個人面接があるので、そこで得られることを除いた教育に関する認識などの問いが多い。すなわち、当面する教育課題や学習指導に関すること及び生活指導に関することなどであるが、これらのことについては、改めて示すことにする。

ア　質疑応答の面接の対応

最も重要なことは、面接官が読み上げた質問をしっかりと記憶することである。ただし、メモを採ってもよいという場合もあるが、

ほとんどの場合，メモは許されないはずである。その後の与えられた時間，じっくり考える時は，他の受験者も同様な状態なのであるから，同席していることなどを意識することなく，与えられた質問を考えることである。

発言については，的確に，しかも簡潔であることが肝要であるため，初めは，「はい。」からで，「結論」を述べ，その後「理由」を要領よく述べるようにすることである。また，応答によって，その内容に対する追加質問がある場合，他の受験者を意識せざるをえないが，その際は，他の受験者の発言内容に左右されることなく，あくまでも自らの意思表示に徹することである。なお，面接の時間内に，受験者間で互いに優劣を感じることもあり，そのことが面接官に与える印象にも違いがでていると思えるようなこともあるはずである。

しかしながら，徹頭徹尾，自らの教師としての適性やその力量を熱意を込めて発言することであり，その姿勢を言語でなくとも示せるものであるから，その場の雰囲気にも影響されないことである。

イ　意見陳述の面接の対応

目前に質問事項があるのであるから，その内容をしっかりと捉え，自らの応答を準備することである。できれば，応答の構造化ができると，大変有利になることも意識するとよい。つまり，応答をすべて一言で，ということではなく，むしろ段階を経てということである。

発言については，当然のこととして，的確に，しかも簡潔であることが肝要であり，初めは，「はい。」からで，「結論」を述べ，その後「理由」を要領よく述べるようにすることである。そこで，応答の構造化ができていると，必ず，そのことに対する追加質問があるはずであり，その場合も，準備されている応答をすることになるため，他の受験者をあまり意識することもないのである。しかも，面接の限られた時間に，面接官にもっと発言を求めたいとの関心をもってもらえることにもなるので，それだけ，強く印象づけられる

ことにもなるのである。

　要するに，徹頭徹尾，自らの教師としての適性やその力量を熱意を込めて発言することであり，その姿勢を，適切な構想によって，示すことができるので，言語だけではないということを認識することである。さらに，その場の雰囲気にも影響されないように心掛けることである。

③集団面接の実際

　集団の面接であるから，個人の場合とは異なることもあるが，その基本は，同様であると考えることである。つまり，実際の場面になる前に少し手続き上の相違はあるが，入室以前まではほとんど同じなのである。

　受験者は，係員の呼び出しを受けたら試験会場に行き，決められた順番に入室する。指示に従って，座席のところに行き，面接官の方を見て，「よろしくお願いします。」と言う，さらに，「ご着席下さい」といわれたら，「失礼します。」といい，席を少し後に下げて，静かに着席する。

面：これから面接を始めます。まず初めに右側の方から，受験番号と氏名をおっしゃってください。そして，これからは，この順で，Aさん，Bさんと申しますので，心得ておいてください。なお，応答は1分以内でお願いしますが，時間の都合等で，こちらから指名することもあるので，了解してください。それでは，Aさんからどうぞ。

A：はい。○○番，○○です。

B：はい。○○番，○○。

C：［Bはぶっきらぼうだな。］はい。○○番，○○と申します。

D：［Cは丁寧すぎるな。］はい。○○番の○○です。

E：［丁寧なほうがいいかな。］はい。○○番の○○でございます。

面：それでは，教職を志望した理由について，簡潔におしゃってください。Aさんからどうぞ。

A：はい。私の志望理由は，単純ですが，子供が好きであるというこ

とです。このことから，漠然とではありましたが，以前から教師になりたいとは思っていたのですが，教育実習に行ってみて，その決意が固まりました。

Ｂ：はい。私の場合，中学校の先生の影響で，教師になりたいと思うようになりました。その先生は，若い英語の先生で，英語の詩の朗読をしてくれたり，放課後は，野球部で鍛えてくれました。とても魅力的な先生で，憧れを感じ，私もその先生のような教師になろうと思いました。

Ｃ：はい。私の教職志望の動機は，率直に言えば，経済的に安定しているし，自分の時間を多く持てるからです。もちろん，一人でも多くの子供たちに，文学のおもしろさを教えてあげたいと思ったことも，大きな理由の1つです。

Ｄ：はい。教職というのは，大変尊い仕事ですし，安定していて，両親も賛成してくれましたので，教職を志望しました。

Ｅ：はい。私の小学校の時の先生なのですが，とても優しい先生でした。話が上手で，しかも熱心であり，休み時間も付きっきりで，私たちを指導してくださいました。それで，私も大きくなったら，その先生のようになろうと子供心に思ったからです。

面：次に，みなさんの教育実習の感想を聞かせてください。

Ａ：はい。教えることの難しさを痛感しましたが，とても楽しかったです。子供たちも喜んでくれていたようですし，休み時間など一緒に遊んで，童心に返った気がしました。授業自体は，満足のいくものではなかったし，どう説明したら理解してもらえるのかということばかり考えていましたけれど，終わりの方では，ようやく落ち着いて子供たちの反応を見られるようになりました。

　最後に，学校を去るとき，「先生，頑張ってね。」，と子供たちに言われて，本当に胸がジーンとして，絶対に教師になろうと改めて思いました。

Ｂ：はい。私は，授業のいたらない分を若さでカバーしようと思って，放課後，生徒たちといろいろ話をしたり，一緒に運動したりしまし

た。そして，最後の授業で，生徒に感想を書いてもらったのですが，その中に，「何でも聞いてくれて，お兄さんのような気がした。早く本当の先生になって，また，この学校に来てください。」というのがあって，とても嬉しかったことが，一番強く印象に残っています。つまり，こちらが一生懸命になって生徒に接すれば，向こうもちゃんとそれを分かってくれるのである，ということを実感しました。

C：はい。少ない教育実習の期間でしたが，少しでも文学のおもしろさを理解させたいと思い，生徒に好きな文学作品についてのディスカッションをさせたことが，とても面白かったです。つまり，子供の感じ方が，私にとってはとても新鮮で勉強になりました。また，最近の子供たちが如何に本を読んでいないかということも痛感し，強制的にでも文学作品に触れさせる必要を感じました。

D：はい。私は，ともかく，毎日が緊張の連続で，無我夢中でした。最初は，余裕など全くなく，ノルマを果たすのが，やっとという状態でしたが，次第に生徒の反応が分かるようになり，自分のペースで授業ができるようになりました。とにかく，一日一日が真剣勝負という感じで，教師というのは，本当に大変な職業だなと思いました。

E：はい。毎日がとても楽しかったというのが，私の感想です。子供というのは，本当に正直で，私の言うことが分からないときょとんとした顔つきをしますし，納得したときは生き生きとして目を輝かせます。そういう意味では，教師の影響というのは実に大きいものだと，怖い感じもしましたが，かえって，本当にやりがいのある仕事であると実感し，ファイトがわきました。

面：なるほど，みなさん，それぞれ教育実習でいろいろと感じられたようですね。さて，そこで，みなさんは，それぞれが自分なりの教師の理想像というものをお持ちであると思いますが，どんな教師になりたいと考えていらっしゃるのか聞かせてください。

A：はい。私は，子供と一緒に遊べる教師になりたいと思っています。

ただ教えるだけではなく，ともに学び，ともに遊ぶ中で，子供たちの気持ちをつかんでいきたいと思うからです。

Ｂ：はい。私は，生徒が何でも相談できるような雰囲気を作りたいと思っています。親身になって生徒の悩みを聞いてあげられ，たとえ適切なアドバイスは与えられなくても，こちらの心が伝わるように誠心誠意，真心を尽くして，生徒とともに悩み，考えることができるような教師になりたいとも思っています。

Ｃ：はい。何が何でも，生徒から尊敬されるような教師になりたいです。そのためには，自分自身を常に磨き，より高める努力をしていかなければならないと思っています。少なくとも，生徒に質問されて，まごつくなどということは，絶対に避けたいと思っています。

Ｄ：はい。常に，一生懸命やるということが大切であると思います。このことは，授業は，もちろんですが，生徒一人一人を理解するにも，こちらが一生懸命であれば，きっとその気持ちが通じると思うのです。何事にも全力投球で，骨身を惜しまない教師になりたいのです。

Ｅ：はい。私は，優しい教師になりたいと思っています。とは言っても，けじめだけはきちんと付けさせたいと思っています。そして，子供たちが慕ってくれて，何でも話してくれるような，そんな教師が私の理想なのです。そのような教師になるためには，やはり真心を持って，一人一人の子供と接していくように，努力もしなければならないと思っています。

面：みなさんの教師としての心構えはよくわかりました。では，最後になるのですが，自らの性格について，具体的におっしゃってください。

Ａ：はい。長所としては，明朗快活であることと，協調性があることであると思います。そして，短所としては，少しそそっかしいということでしょうか。

Ｂ：はい。私は，何事に対しても積極的に取り組み，実行できることであると思っています。また，細心さも持ち合わせていると思って

いEます。

C：はい。どちらかというと内向的な性格ですが，いざというときの
決断力や判断力には優れている方であると思っています。

D：はい。長所としては，誠実さ，忍耐強さ，責任感の強さなどであ
るといえると思います。短所としては，些か積極性に欠けるところ
があり，さらに社交性が少し乏しいのではないか，と思うときがあ
ることです。

E：はい。率直さや明るさが長所だね，とよく人には言われるのです
けど，自分ではおっとりした性格であると自覚しているのです。し
かし，このおっとりということですが，少しおっとりしすぎて，
少々間が抜けているのではないか，と感じることが時にはあります。

面：そうですか。まだ何か言い足りないと感じていらっしゃる方はい
ませんか。それでは，これで面接を終わります。ご苦労様でした。

受験者は，静かに起立し，右側に半歩踏みだし，椅子を元に位置に
戻して，「有り難うございました。」と礼を言う。その後，ゆっくりド
アの所まで行き，もう一度，面接官の方を振り返り，「有り難うござ
いました。」と言い，ドアを開けて，退出する。

■■ 個人面接・集団面接の準備・対策と主な質問内容

(1) 面接に備えるための基本的な準備・対策

個人面接と集団面接は質問内容には大きな違いはないが，次のよう
な傾向がある。

■「人物重視」の視点に立って，人物に関する質問の比重が高い傾
向にあること。そのために，多くの自治体で共通する基本的な
質問内容があること。

■2次試験では個人面接を実施する自治体が多く，1次試験と同様の
質問をした場合でも，2次試験では答えたことに対して突っ込ん
だ質問をしていること。

以上のような傾向のある面接試験を乗り切るためには，次の準備や
対策を進め，どのような質問にも対応できるように自分の「引き出し」

を1つでも多く作っていくことが「要」である。

■多くの自治体で共通する，人物に関する基本的な質問内容など
を熟知し，いろいろな角度から突っ込んで質問されることを想
定して，自分の考えを深め，構築していく。
　その際，常に自分が教員であることをイメージ(想定)して，次
の3点を基本に構築していく。
　　①なぜそう考えるのか
　　②教育・指導にどう生かす(生かせる)のか
　　③児童生徒に何を伝えるのか
■教職を目指す友人などとの活発な意見交換や教職教養の熟知，
ボランティアなどの多様な経験を通して教職に関する知識理解
を深め，自分の考えを構築していく。
■『面接ノート』をつくり，必ず予想質問ごとに考えたこと，深め
たことを記録化していく。
■上記の準備・対策を通して，教職に就くことに対する自分の「志」
や抱負を確かなものにしていく。

(2)　主な質問内容と準備・対策
①自分自身に関する十分な考えの構築

　最近実際に質問された主な質問内容と関連質問を紹介する。一見し
たところやさしい質問だが，採用者側にとっては極めて重要な質問内
容である。それだけに，受験者も教職への強い「志」や抱負の確立と
並行して，どのような質問にも対応できるように，自分の考えを十分
に構築していく必要がある。

Q　あなたが教員を志望する動機は何ですか。
　●あなたの経験を踏まえて，志望の動機を話して下さい。
　●教員を目指すにあたり，周囲の人はあなたにどのようなアドバイ
　　スをしましたか。
Q　あなたが本県・市の教員を目指す理由は何ですか。
　●本県・市のどこに共感をしたのですか。

●本県・市があなたを採用したらどのようなメリットがありますか。

Q あなたの目指す教員像(理想の教員像)はどのようなものですか。

●あなたにとって，魅力のある教員とはどのような教員ですか。

Q あなたはなぜ小学校(中学校，高等学校)の教員を希望するのですか。

●あなたは小学生(中学生，高校生)にどのような教育をしたいと考えていますか。

Q 自己アピールを1分以内でして下さい。

●あなたの「売り」は何ですか。具体的に話して下さい。

●あなたは，自分のどこが教員に向いていると思っていますか。

　次に，上記以外の基本的な質問内容と答えに対する突っ込んだ質問の例を挙げる。突っ込んだ質問の答えの基本は，そのように考えた理由を必ず明確にできるようにしておくことである。『面接ノート』に記録化して自分の「引き出し」を構築すること。

Q あなたの長所，短所は何ですか。

●ではあなたは教員として，その短所をどう改善していきますか。

Q 今日求められる教員像について話して下さい。

●こんな教員にはなりたくないという教員像を話して下さい。またなぜそう思うのですか。

Q あなたの社会体験・ボランティア体験を話して下さい。

●この体験から何を学びましたか。教員として何に生かせると思っていますか。

Q あなたは挫折の経験がありますか。

●その挫折をどのように克服しましたか。その経験が教員としてどのように生かせますか。

Q あなたの趣味・特技，資格について話して下さい。

●そこから教育に生かせることは何ですか。

Q あなたの卒業論文の内容を話して下さい。

●そのテーマを設定した理由は何ですか。教育にどのように生かせますか。

②児童生徒や教育に対する理解と対応・対処策の構築

　もう一つの大きな質問の分野として，児童生徒や教育などに関する質問内容がある。そのような質問への準備や対策として，次の3点がある。

◆現在の教育の問題や課題を各種の報道や書物などから知り，自分の考えや取組の方策をまとめていく。

◆児童生徒の実態をボランティア活動など(教育実習や塾講師なども含む)を通して理解するとともに，例えば学習指導や生徒指導などの，教員としての教育・指導の方策をつくりあげていく。

◆中央教育審議会の関連する答申を熟読し理解を深め，自分の考えを構築していく「糧」とする。また，学習指導要領も熟読する。

　特に文部科学省に対する「答申」は，例えば不登校という教育問題に対して，その背景や現状，基本的な認識，具体的な取組など多岐にわたって述べられており，面接のみならず論作文，教職教養にも対応できるものである。学習指導要領についてもぜひ熟読することを勧める。

　次に過去に質問された内容と関連質問の一部を紹介する。そのように考えた理由などとともに自分の考えを構築して，『面接ノート』に記録化していくことが重要である。

Q　あなたは今日(本県・市)の子供達をどのように考えていますか。

　●あなたは今日の子供達のよいところは何だと思っていますか。

Q　あなたが最近，教育に関して関心のあることは何ですか。

　●あなたが最近関心のあることは何ですか。それを子供達にどのように伝えますか。

Q　あなたは子供達に「生きる力」を育てるために，どのような取組をしていこうと考えますか。

　●子供達の「生きる力」として必要な「力」は何であると考えますか。

Q あなたは担任として，日頃からいじめが起こらないようにどのような取組を行いますか。

　●あなたの学級でいじめが起こりました。担任としての対応・指導について話して下さい

Q あなたの学級で不登校者を出さないために，日頃からどのように学級づくりを進めますか。

　●保護者から，明日からうちの子は登校しないと連絡がきました。担任としてどう対処しますか。

Q あなたは学習指導において，子供達にどのようにして学ぶ意欲を育てたいと考えていますか。

　●学習意欲を起こさせる評価とはどのような評価ですか。

Q あなたは学校への携帯電話の持ち込み禁止の指導を行う場合，どのような指導を行いますか。

　●携帯電話の学校持込み禁止について，保護者に理解を得るために留意することは何ですか。

■■ 面接における質問に対する回答のポイント──────────

(1) 教育委員会が設定する面接の評価の観点

　次の表は，ある県が公表している面接の「観点別評価の表」である。他の県・市においてもほぼ同様であると考えられる。

《 1次　集団面接 》

1　態度
　・明るさ・快活さが伝わってくるか
　・謙虚さがあるか
　・気配りができるか　　　等

2　教育観
　・教育に対する熱意があるか

・物事を見通し，本質を捉える判断力はあるか
・子供への愛情はあるか　　等
　3　将来性
・よいものを吸収しようとする力はあるか
・考え方に柔軟さはあるか
・現場で生かせるような特技はあるか　　等
《2次　個人面接》
　1　態度
・身だしなみは教師として適切か
・人柄，性格は信頼できるか
・姿勢は正しいか
・立ち振る舞いは落ち着いているか　等
　2　明るさ・活力
・明るさ・快活さが伝わってくるか
・情熱や気迫が伝わってくるか
・困難や逆境に立ち向かう粘り強さはあるか
・説得力・表現力はあるか　等

　この面接表から，次の2点について留意して面接に臨む必要があることがわかる。

①1次試験の集団面接と2次試験の個人面接の観点別評価の共通項がかなりあり，2次試験の個人面接では，1次試験と同じ質問であっても，突っ込んだ質問をすることによって人物をみようとしていること。

②集団面接においては「集団における個人」として相対的な評価もされるため，他の人の回答に惑わされたり，消極的な発言にならないように十分留意すること。そのために，集団面接の練習においても十分にして慣れておくこと。

(2) 質問に対する回答のポイント

いくつかの基本的な質問を例に，回答のポイントと共通する留意点を紹介する。先に紹介したある県の「面接の観点」を参考にして考えてみること。特に2次試験においては，必ず答えたことに対する突っ込んだ質問があることを想定して準備しておくことが重要である。

Q　教員を志望する動機は何ですか

■「子供が好きだから」とか「子供とともに成長できるから」，「恩師の影響を受けて」，「部活動を経験させてやりたいから」と話す人がいる。そのような内容では「志望の動機」とは言えない。

■教員を志望するには当然「強い志」と抱負が求められる。よってそれに基づく明確な児童生徒達への教育観と具体的な教育・指導論が不可欠である。

　自分の経験やそこから導き出された教員としての使命感や実践のビジョンなども，志望の動機のなかの自分のオリジナルな部分として，明確・的確に述べることが大切である。

Q　本県・市を志望する理由は何ですか

■「自然が豊かなところで教員をしたいと思ったから」とか「子供達が元気なところだと思ったから」と話す人，当該県・市の出身者では「生まれ育ったところで教員をしたいと思ったから」と答える人がいる。そのような回答も県・市の志望理由を答えたとは判断されない。

■今日，すべての県・市は「本県・市の求める教員像」や「教育重点施策」を公表しており，その教員像や重点施策の何に共感し，それに基づいて自分は児童生徒にどのような教育をしようとしているのか，という抱負や具体的な取組策を踏まえた志望理由を構築しておく必要がある。

　そうでないと，「本県・市があなたを採用した場合のメリットは何ですか」とか「それなら他の県・市の先生でもよいのではないですか」という突っ込んだ質問には全く対応できない。受験地

の十分な熟知をすることが大切な基本である。

Q なぜ小学校(中学校，高等学校)の教員になろうと思ったのですか

■「小学生に夢を育てたいから」とか「中学校が私に最も適していると思うから」も答えとは言えない。また，体育・スポーツに経験の豊富な人で，中学生(高校生)への部活動の豊かな体験をさせてやりたい趣旨のことを述べる人がいるが，部活動の指導だけが教員の仕事ではない。

■教員志望の動機とも関係があるが，小・中学生，高校生に対する教育観・指導観の明確化と，彼らに何を教えたいのかという強い具体的な内容をはっきりと的確に述べないと，「それなら小学生(中学生，高校生)の教員でなくてもいいのではありませんか」という質問には対応はできない。

Q あなたの考える理想の(目指す)教員像は何ですか

■自分の考える理想の教員像を明確・的確に述べることが大切である。その場合，それを理想の教師像とした理由の質問を想定しておくことが必要である。例えば「恩師の姿」から理想の教員像を考えたのであれば，恩師の何に共感して理想の教員を描いたのか，また「児童生徒に信頼される教師」を挙げるのであれば，当然そのように考えた理由が必要である。

■この質問については，教員志望の動機とともに必ず自分の教育観などについても明確に構築すること。教員としての「志望の動機」や「志」，抱負にも関わるところである。

Q 最近の出来事であなたが関心のあることは何ですか

■この質問は一見「楽な質問」である。一昨年ある県の2次試験の個人面接で，その質問をされた受験生が「北京オリンピックです」と答えた。そこで面接官は「では生徒達に北京オリンピックの何を伝えますか」と突っ込んで聞かれた。残念ながらその人は突っ込んだ質問を想定していなかったために，答えられなかった。

　この質問のように，楽な質問であっても特に2次面接試験では，

すべての答えに対して突っ込んだ質問をしてくると想定しておか
ねばならない。

Q　あなたの自己アピールをして下さい

■この質問は一見易しく思えるが，教員志望の「志」や抱負に関わ
るところなので，十分に自分の教員としてのアピールできるとこ
ろを構築しておく必要がある。

　　答えには誤答はあるが，それだけに話す内容に特に留意が必要
である。

■例えば「小・中学校，高校と，9年間○○をしてきました」とか
「人と接することが得意です」では，自己紹介のレベルである。9
年間を通して，何を得たのか，何が教育に生かせるのか，教師と
して習得した力などを話す必要がある。また人と接することのど
こが教員として優れ，その得意なことを教育や指導にどう生かせ
るのかを話すことが必要である。つまり，「自己アピール」のレ
ベルを話すことが基本である。

(3)　集団面接に臨む場合の留意点

　集団面接と個人面接の質問や面接官の評価の観点も大差がないこと
を先ほど紹介したが，集団面接に臨むために留意しておくことが2点
ある。

①集団面接の場合は，質問に対して，他の受験生が自分より先に，
自分と同じような内容を答えることがあり得ること(順番制や挙手
制の場合が考えられる)。

　　その場合であっても，構築してきた自分の考えや具体策などを
急遽変更しないで，自分の考えや具体策などを明確・的確に述べ
た方がよいこと。

　　「私もAさんが話されたのとほぼ同じ考えですが，～」と前置き
して述べればよい。

②集団面接は他の受験生との相対的な評価の側面があり，自論や経
験を長々と話さないこと。端的・的確に話す技術も教師には求め

られていることに留意する。

　特に，経験豊富な人，話し好きの人，自信のある質問に対しては十分に気をつける。

■■ 面接にふさわしい言葉遣いや態度，回答の習得――――――――

　面接は，答えた内容だけでなく面接にふさわしい言動や回答も習得しておく必要がある。ぜひ当日までに習得すること。

① 　「若者言葉」で話したり，なれなれしい態度にならないよう気をつけること。

　言葉遣いでは「～じゃないですか」や「～と思うんですよ」，「～れる」や「全然～です」は禁句。「若者言葉」は答えに自信がある場合などには口に出ることがあるので特に気をつけること。

　また面接官から「緊張しないで楽に」と勧められても，「目上の人である採用者による面接」であることを決して忘れないこと。それは当然，入・退室時のマナーにおいても同様であること。

② 　話し方においても，教員としての資質の有無の視点から評価されていることに留意すること。

　長々と話してから結論を述べるのではなく，「私の教員志望の動機は2点あります。1点目は…，2点目は…」のように，必ず端的に結論を述べ，その理由などを的確・明確に話すようにすること。

集団討論対策

　教員採用試験で近年，社会性や人間関係能力，コミュニケーション能力などが特に重視されるようになってきた。学校教育が組織的に実践されていることからわかるとおり，集団の一員としての資質や組織的な役割意識，そして課題解決能力が求められているのである。集団討論はこれらの評価や教師としての適性を判断する手段として，全国的に採用試験で実施されるようになった。集団討論は，集団面接や集団活動などの名称で実施されたりもするが，1次試験で実施される場合よりも，主に2次試験で実施されることが多い。一般的には，小グループにテーマを与えて，一定時間の中で討論させる方法が実施されている。

■■ 集団討論の形式

［東京都の例］

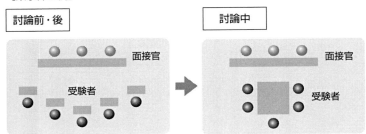

- **■形式**　受験者が6〜8人程度で面接官が2〜4人程度
- **■内容**　グループに課題を与え，1人1〜2分で意見を述べてから全体で自由討議に入る。司会者を受験生の中から選び進行させたり，司会者を決めないで進行させたりし，面接官は観察や評価に専念する。
- **■時間**　30〜50分程度

■**特徴**　集団活動を通して，受験者の協調性や社会性，論理性や判断力など集団内での社会的能力を観察できる。これは面接官が評価に専念できる利点がある一面，あまり発言できない受験者の評価が十分にできないといった欠点もある。

■**手順**

1　グループで座り，討論のテーマが提示される。
2　各自テーマを読み，5分間程度で自分の考えをメモにまとめ討論の準備をする。
3　各自1分間程度でテーマについての意見を述べる。
4　全員意見を述べたら20分間の課題解決型討論を始める。
5　採点者は，受験者の討論を観察し評価する。
6　討論後，面接官からの質問に答える。

★**ポイント**　協調性や社会性といった社会的能力を中心に評価されるので，相手の意見を尊重しながら自分の主張を行うようにする。自分の意見に固執したり，他の意見に攻撃的に反論したりしないように注意する必要がある。

■■ **集団討論の意義**————————

　このようにして，面接前の態勢を整えるが，やはり，主担当者がいて，全体を取り仕切っているのであるから，面接の期間中，その人物の言動から目を逸らさないようにすることである。出題に関しては，次に述べることとするが，この集団討論での重要なことは，討論に入る前であり，その態勢をどのようにつくるかである。さらに，それぞれの意見交換ということになるので，最初の出会いの時のそれぞれの印象が強く残るということになる。

■■ **実施形式と攻略法**————————

①面接官主導の討論

　自己紹介という形で，それぞれに1〜2分間ずつ時間が与えられることが多い。このことで，その集団の様子が明らかになるが，面接官が

すべて指示するため，受験者がコの字型や円形になっている中心に，面接官が1人加わることになる。

　課題の提示は，面接官が課題を読み上げる方法や受験者各自に紙面が配られる場合，会場の掲示板に示してある場合などがあるが，ほとんどの場合は，後者2つの方法であるため討論中に課題を忘却することはないと考えられる。

　応答の形式等すべて，面接官の指示に従うことであるが，注意すべきことは，議論に熱中するあまり，発言時間を超過してしまうことである。この傾向についてはよく見られることであるため，面接官よりあらかじめ「発言時間は，1分以内」との指示もあるはずである。しかも，時間超過には発言中断の注意が発せられることになるため，自らの発言については要注意である。このとき，前述したことであるが，発言内容を「結論から」述べ，次に「その理由」とし，他の受験者がもっと聞きたいと思うようになることが望ましく，対話的になるのがよいのである。

②受験者相互の意見交換

　着席してから質疑に入る前に点呼をとり，受験者の確認があり，その後，自己紹介という形で，それぞれに1〜2分間ずつ時間が与えられることが多いのは，面接官主導の討論の場合と同様である。このことで，その集団の様子が明らかになるが，受験生がコの字型や円形になっている場合，面接官が加わることはないのである。

　そして，面接官から，「どなたか，司会になっていただけませんか。」といわれる場合と「これからは，それぞれ自由に意見を出し合って，討論をしていただきます。」という2つの形態があり，後者の傾向が強くなりつつあるようである。このことは，前者の場合，司会を決定するまでに手間がかかり，それぞれの討論時間が均一にならない，という事情があるからである。したがって，示された課題に対する最初の意見表明は，かなりの度胸も必要になるが，そのことが，全体の雰囲気を左右することにもなるため，慎重になるべきである。

■■■ 集団討論試験に対する対応の基本————————

①集団討論の対応

　集団討論では，他の面接と異なり，受験者が集団の中でどのような能力を発揮し，また協調できるかなどが，とくに観察されているので，その観点について知っておくことが大切である。このことについての評価の観点の意味づけを示しておく。

ア　観察されていること

○貢献度

　　課題解決に寄与することで，受験者が討論の機能をどの程度理解し，目的達成のためにどの程度貢献したのかを見るものである。発言の回数が多くても，自己中心的で課題解決に役立たない場合は，高い評価を得ることはできず，発言回数が少なければ，当然，低く評価されることになる。

○協調性

　　これは協同して事に当たる状態を作り上げることに寄与することで，発言態度が独善ではなく，民主的であることや他の人の意見及び反対の立場の人の意見にも耳を傾ける態度が望まれる。とくに，発言の活発でない受験者を励ますような態度も評価される。

○主導性

　　グループ全体を課題解決への方向付けをすることで，ただ単にリーダーシップを発揮するということではなく，全員を納得させながら問題解決の方向に導いていくことが求められている。したがって，より建設的な意見や信頼感のある発言などが，高く評価されている。

○判断力

　　問題を十分理解し，正しい判断が行われているかどうかである。また，討議の過程において，自分の置かれている立場に対する状況判断が，適切であるかどうかなどが評価されている。

○表現力

　　自らが主張しようとするところを適切な言葉や有効なエピソー

ドなどを加えて表現されているかどうかである。また，このグル
ープディスカッションは，討論とは言っても勝ち負けが問題とさ
れるわけではなく，面接試験なのであるから，あまり感情をむき
出しにした言葉遣いや他の人に対する冷たい言い方は，避けなけ
ればならないことであり，その配慮などが評価される。

○企画性

　　討論の進行に対して，計画的な発言が行われているかどうかで
　ある。また，そのように進行させようと努力しているかどうかな
　どについて，とくに，全体の状況に対する配慮が評価されている。

イ　評価を高める十ヶ条

Ⅰ　油断をしない。

Ⅱ　好感を与える。

Ⅲ　対話的になる。

Ⅳ　信頼感を与える。

Ⅴ　演出を考えておく。

Ⅵ　けじめを感じさせる。

Ⅶ　気配りを感じとらせる。

Ⅷ　全力投球の気構えをもつ。

Ⅸ　健康的で，活気を感じさせる。

Ⅹ　人間的な温かみを感じとらせる。

②集団討論の実際

　　受験者は，係員の呼び出しを受けたら試験会場に行き，決められた
順番に入室する。指示に従って，座席のところに行き，試験官の方を
見て，「よろしくお願いします。」と言う，さらに，「ご着席下さい」
といわれたら，「失礼します。」といい，席を少し後に下げて，静かに
着席する。

(面：面接官)

面：これから面接を始めます。まず初めに右側の方から，受験番号と
　　氏名をおっしゃってください。そして，これからは，この順で，A
　　さん，Bさんと申しますので，心得ておいてください。なお，応答

　は1分以内でお願いしますが，時間の都合等で，こちらから指名す
　ることもあるので，了解してください。
　　それでは，Aさんからどうぞ。

A：はい。○○番，○○です。(B〜F　略)

面：では，これからみなさんに幾つかの課題を与えますから，なるべ
　く簡潔に自分の意見を述べてください。時間は○○分間です。時間
　が来ましたら，途中であっても打ち切ります。
　　それでは，始めます。まず最初の課題ですが，皆さんは学習塾を
　どのように考えていらっしゃいますか。

A：はい。私は，一部の生徒にとって学習塾は有益であると思います。
　やはり，何人もの生徒の中には，理解の遅い生徒や学校の勉強だけ
　では物足りない生徒もいると思うからです。

D：はい。私もAさんと同様，授業についていけない生徒にとって，
　学習塾は有益だと思います。もちろん，そういう子供たちを見放す
　ということではないのですが，限りのある授業時間の中で指導内容
　を消化しなければならないのですから，すべての生徒が理解するま
　で待つというわけにはいかないと思うのです。

B：はい。お二人がおっしゃることは理解できます。しかし，私は，
　やはり，学校が責任を持って，そういう生徒を指導すべきであると
　考えます。例えば，理解の特別遅い生徒には，補習をするとか，何
　かそれなりの方法は，あるのではないかと思います。

C：はい。学習塾に行きたくても行けない生徒もいるのですから，賛
　成できません。確かに，できない生徒が学習塾に行けば，それなり
　の成果はあるかもしれませんが，一方，高い月謝を払えない生徒に
　は，その機会すらも与えられないというのは，不公平であると思い
　ます。

E：はい。私は，勉強というのは学校だけで十分であると思うのです。
　予習・復習は別として，学校から家に帰ってまで，机にしがみつい
　ている必要はないんじゃないでしょうか。朝から晩まで勉強，勉強
　では，遊ぶ時間もありませんし，性格にもゆがみがでてくると思い

ます。やはり，「よく学び，よく遊べ。」の精神が大切で，遊ぶ時間というのも子供には必要であると思いますし，学習塾は，子供のそのような時間を奪ってしまうことになりますから，反対です。

F：はい。皆さんのおっしゃるとおり，私も塾に行ってまで勉強する必要はないと思います。詰め込み主義というのは反対です。なんとなく，無理矢理，勉強をさせている感じですし，かわいそうな気がします。ただ，授業についていけないのは，やはり，自分でよく復習したり，本人の努力が必要なのではないでしょうか。まあ，そういう生徒の場合，塾に行ってもいいと思います。

D：はい。Bさんは，学校が責任を持って授業についていけない生徒も指導すべきである，とおっしゃいましたが，それは理想論であって，現実的には，不可能であると思うのです。確かに，本来は学校ですべきことですし，私もできる限りの努力はしたいと思いますが，一人一人ということになれば限度がある。ですから，有名校受験のため，必要以上に塾で勉強させるというのは私も反対ですが，補習という意味ならば行っても良いと思います。

A：はい。Eさんは，「よく学び，よく遊べ。」とおっしゃいましたが，実際には，そちらの方が多いと思います。できる生徒は，それぞれでもいいのでしょうが，できない生徒の場合，ある程度強制的にでも勉強させる必要があるのではないで……。(EがAの話を遮る)

E：それでは，Aさんは，できない生徒は強制的にでも，塾に行かせた方がいいとお考えなのですか。

A：はい。いえ，別にそうはいっていませんが，ただ，その……。

※Eさんのように人の話を遮ることは良くないことであり，さらに人の揚げ足を取るような態度も慎みたいところである。

■■ 集団討論におけるアドバイス────────

• はじめに各自自分の意見を述べるので，そのとき，他のメンバーの考えを簡単にメモしながら聞くと，後の討論のとき他の受験生がテーマをどのように捉えているのかがわかり，意見をまとめやすくな

る。

- テーマの内容によっては論じにくいものもあるが，教育問題に関連づけ，教師の視点から発言するとよい。
- 自分の考えばかりを言うのではなく，他の人の意見を聞き，それに対して自分はどう思うかを発言することが大切である。
- 自分と意見が違う場合には「私は……のように思いますが皆さんはどう思われますか」などと尋ねてみるとよい。
- 他の人の言っていることがよくわからなかったら，「○番の方，もう少し具体的に説明していただけますか」などのように聞くことも必要である。
- みんなで一緒にコンセンサス(共通理解)を得るといった気持ちを大切にする。
- 普段から友達同士で教育問題について，気楽に話をしたり，意見交換をしておくことが大切である。
- 他の受験者の意見に関連づけて発言するとよい。

  [例] 「○さんが言われたのに付け加えて，私は……と考えています」

  「○さんと○さんが言われたことに私も賛成で，……を加えたいと思います」

  「○さんは先ほど……のように言われましたが，私は……と考えています」

  「○さんが言われることに関して，私の意見は……と考えています」

●言葉遣い

　面接試験だからといって，特に難しい言葉を使う必要はなく，日常使っている敬語を使った丁寧な言葉で十分である。自分の考えや意見を正しく，わかりやすく，相手に伝えられるようにすることが重要である。つまり，教師として，児童・生徒の模範となるような正しい日本語を使うことが大切であると言える。

　しかし，面接試験のときには緊張してしまい，つい普段の癖がでて

しまうものである。常日頃から，目上の人や先生と話すときに，正しい敬語が使えるようにしておくことが大切である。

■■■ 集団討論の流れ————————

①課題の把握と方針の決定(個人発表)

　問題点の構造化を図り，解決すべき課題を整理して，2，3つに集約した課題を自分の意見として挙げる。

②構造の把握と分析

　テーマの分野がどのような構造になっているのか，どの方向から考えていったらいいのかを討論する。皆の意見を整理し，同様の意見をまとめて構造的に分類する。

③課題の焦点化と討論の流れの確認

　構造化された課題の中で，話し合いで焦点化していく課題を1つ選び，メンバーで確認しながら，選んだ課題についての分析と問題点の確認，以降の討論の流れを確認する。

④課題の深化

　テーマの課題に対して意見を出し合い，課題の問題点や，状況を解明する。

⑤課題解決の対策

　課題が解明できてきたら，時間を見ながら，対策や対処法についての具体策を出す方向へと進める。

⑥解決策のまとめ

　一通り課題への解決策が出てきたら，皆の解決策をいくつかにまとめて集約していく。分類できるものは分類して構造的に整理する。

⑦次の課題への転換

　時間が残っている場合には，次の課題へと話を転じる発言をする。課題の焦点化から同様の話し合いを行う。

⑧議題の収束へ

　残り3～5分程度になったら全体を収束させる方向に議論を進める。抽象的な話から具体的な解決策，個別指導から学校全体の取り

組みへと発展させていく。

■■ 実際の課題と討論のポイント────────

　個人面接や集団面接が比較的受験者自身のことを聞く内容が多いのに対して，集団討論における課題には，次の2点の特徴がある。そのことを踏まえて準備・対策を進めることが力を付ける「要」である。

①児童生徒に対する教育課題が設定されることが多いが，最近は保護者対応に関する内容も出されていること。
②設定されている課題は，個人面接や集団面接の質問，論作文の課題にも共通するものが非常に多いこと。したがって練習や対策，記録化などを効果的に行うとよいこと。

　次に最近実際に出題されたいくつかの課題と集団討論の実施方法を紹介し，集団討論のポイントを述べる。いずれの課題も，個人面接や集団面接，論作文の課題にもなるものである。

Q　次代を切り拓く子供に身に付けさせたい力を，大切だと思う順に3つ挙げて下さい。

　　■ この県では2次試験で実施し，5人1組で課題に対する構想5分，各自の発表1分，討論20分，後で個人面接を10〜15分行うという多様な方法を採っている。

　　■ このような実施方法を採っている県・市では積極性や判断力をはじめ，まとめる力，発表する力，教育課題認識力などを総合的な視点から評価しようとしていることに留意して臨むことが必要である。

　　■ この課題は小学校受験者用であったが，中学・高校も類似した課題だったので，中学・高校受験の人も共通の問題として考えてること。

　　　まず，子供(児童生徒)に身に付けさせたい力として，社会性や確かな学力，生きる力，学ぶ意欲などを挙げることができる。そして構想を立てる場合，当然次の討論のことを考えて，3つの力

の内容や順にした理由，力を付ける方策も含めて明確化しておく
必要がある。

■ 後の個人面接では，今の3つの力を付けるための具体策，今の討
論で大切にしたこと，一番困ったことなどが質問された。そのよ
うな質問を予想して，自分の考えたことが明確に答えられるよう
にしておくことが必要である。

Q　保護者からの苦情について，①背景や原因，②信頼される教師像，
を含めて討論して下さい。

■ この県では1次試験で実施し，30分間の集団面接の一環として18
分が集団討論時間である。面接は別途行われ，集団討論の課題と
は直接関係のないことが聞かれる。

■ 討論時間の短い県・市に臨む場合，①話しすぎて時間を独占し
ないこと，②気後れして話す機会を決して逸しないこと，の2点
に特に気を付けることが極めて大切である。

■ このように難しくない課題と短時間の設定では端的に話すこと
が求められ，内容よりも進行への調整が非常に難しいと言える。
最近は他県・市においても討論自体の時間は少なくなる傾向が見
られることに十分に留意して，練習を行っておくことが重要であ
る。

Q　髪の毛を染めている児童生徒に頭髪指導をしたところ，保護者か
ら「他人に迷惑をかけない限り，自由ではないですか」と反論され
ました。あなたはそのときどのように対処しますか。

■ この県では2次試験で実施し，8人が50分の中の40分間討論をし，
残りの10分間で1人1分程度で意見をまとめる。

■ 課題は保護者への対処の方策である。一般的には家庭訪問をし
てじっくりと話し合い，理解のもとに協力を得ることが基本であ
る。

■ この県の討論時間は他の県・市に比べて長く，対処策だけであ
れば時間が余る可能性がある。方向性や答えが見通せる課題でし

かも討論の時間が多い場合は，狭義の討論に終始しないような判断力が必要である。

■ 保護者への対処に必要な前提として，頭髪を染めることの本人及び周囲への影響などを，教員間で十分に研究・協議することや学校としての方針に基づいた一致した指導などが必要であり，そのことに関した討論も必要である。

Q　生徒の規範意識を高めるには，どのように指導すればよいでしょうか。

■ この県では2次試験で討論のみを実施している。6人の受験者で討論時間は40分である。試験官は4人で採点する。

■ この県では司会を立てるよう指示するが，司会を立てさせる県・市の場合には，受験者が「譲り合い」をしないことが肝要である。そして当然司会を担う者には積極性，指導性が評価される。

■ 課題自体は難しくないので，時間が余る可能性がある。その時に司会者の指導性と判断力が必要である。また他の受験者が討論について提案をすることは判断力の面から評価されることになる。

■ したがって前に紹介したケースと同様，例えば規範意識とは何か，なぜ規範意識の低下が問題になるのか，学校としての一致した取組の方策，保護者との連携などを考えなければ実際の指導の効果は困難である。その面からの討論が必要である。

Q　子供たちに確かな学力を付けるために，どのような取組を行いますか。

■ この県では25分の中で討論の時間が20分，集団面接が5分実施される。司会は立てない。6人なので1人当たりの発言時間は3分少々しかないので，発言内容は端的であることが必要である。

■ 今日の教育に関するキーワードとなっている課題，例えば「確かな学力」やいじめ，不登校，生きる力，学ぶ意欲，キャリア教育，食育などについては，中央教育審議会の答申内容などを理解

して，それを基にした発言が効果的である。

■「確かな学力」は2003年の答申に基づいて当時の学習指導要領でその育成が提言された。「確かな学力」を付けるには，知識理解に加えて，自ら課題を見付け主体的に学ぶ意欲を育成するための学習指導の工夫について討論することが必要である。

Q 児童生徒を，地域，学校，家庭でともに育てていく必要があると言われています。そのため，多くの学校では，地域や家庭に学校の情報を提供したり，学校行事への参加や協力を要請することが多くなっています。それに伴って，学校に対して，様々な意見が寄せられることもこれまでより増えてきました。このような状況を踏まえ，あなたがクラスの担任をするなら，児童生徒や保護者，地域の方と，どのような姿勢で接してクラスを経営したいと考えるか話し合ってください。

■この県では2次試験で実施し，5人の受験者が課題に対する構想を2〜3分で考え，約27分間討論を行う。司会を立てるか否かは自由である。討論の後，面接官の質問がなければ終了する。

■この県以上に説明文の長い県が他にもあるが，このような県・市の場合は，いかに早く課題を的確に捉えることができるかがポイントである。

■この課題は「クラス経営をしていく姿勢」である。具体的には，クラスの児童生徒を地域の子供として，地域，学校，家庭とともに育てていくという姿勢のもとに，家庭や地域に対して「開かれた学級」をつくっていくクラス経営が基本である。

Q 人間関係能力を高めるためにどのような取組をしますか。

■この県では2次試験で実施し，5〜8人の受験者がそれぞれ1分以内の自己アピールを行う。

その後20分間の集団討論を行った後，集団面接が行われる。

■この県も受験者数に対して討論時間が短いため，的確・端的な発言をすることがポイントである。

　　討論のためには，まず「人間関係能力」についての理解が必要
である。次に担任として，また授業について，日頃からの「取組」
を的確・端的に話すことが必要である。

■ 論作文をはじめ集団討論などにおける課題の多くは，常に教
　師・担任としての指導策と学習指導の方策の二つの側面から考え
　ると対応が可能である。

■■ **評価項目**────────

貢献度　グループ・ディスカッションを進めるとき，課題に対する論
点を示したり，議論の方向性を定めたりする働きが重要である。こ
れは受験者の発言や発表が，討論を進める上で，どのように貢献で
きたかを評価するものである。発言の回数が多くても，課題からず
れていたり，自己中心的で課題解決に役立たない場合には評価され
ない。当然，発言が少なければ評価は低い。

評価の観点
- 適切な論点を提供する
- 論点についての適切な意見を述べる
- 課題の解決に役立つ意見を提供する
- 混乱した討論を整理し，論題からはずれた意見を修正する
- 討論をまとめる方向へと意見を述べる

協調性　グループでの協同作業は，まわりとの協調性が必要である。
他人の意見や反対の意見にも耳を傾け，発言態度が民主的であるこ
とが求められる。感情的に対立したり，攻撃的に意見を述べるとい
った態度では自由な意見交換が成立しなくなってしまう。まわりの
意見に気を配り，他人の意見も積極的に認め，発展させようとする
態度が望ましい。

評価の観点
- 自分の意見に固執しない
- 他人の意見を意欲的に聞こうとする

- 他人の意見を積極的に認めようとする
- 対立・攻撃を和らげるように努める
- グループの雰囲気を高めようと努める

主導性 グループ・ディスカッションでは，全員を納得させながら課題解決の方向へと導いていくことが望まれている。ただ単にリーダーシップをとるということではなく，民主的に互いの意見を尊重し合いながら解決へと進めていく主導性が求められている。

評価の観点

- 進んで口火を切る発言をする
- 討論を次の段階へと発展させる働きをする
- 意見が討論の進行に大きな影響を与えている
- 討論をまとめる方向へと導く
- 他者を促し，全員が討論に参加できるようにする

企画性 討論の進行に対して計画的に発言し，一定の時間の中で課題の論点を解決の方向へとまとめていく努力をしなくてはならない。受験者が討論の全体構想をもって発言しているか，論点を示しながら発展させ，まとめへと計画的に意見を述べているかといったことが評価される。また，現実的・具体的に課題を捉え，その解決の方策を考えることも重要なことである。

評価の観点

- 討論進行に対して計画的な発言を行う
- 一定の方向性を持った意見を述べる
- 制限時間を考えながら発言している
- 課題に対する全体構想をもっている
- 発言内容が現実的・具体的である

■■ **評価の観点**————————

①貢献度

　課題解決に寄与した程度で，受験者が討論の機能をどの程度理解

し，目的達成のためにどの程度貢献したかを見るものである。発言の回数が多くても，自己中心的で課題解決に役立たない場合は高評価を得ることはできないし，発言回数が少なければ当然低く評価されることになる。

②協調性

　　これは協同して事に当たる状態を作り上げることに寄与した程度で，発言態度が独善的でなく民主的であることや，他の人の意見，反対の立場の人の意見にも耳を傾ける態度が望まれる。

③主導性

　　グループを課題解決の方向に動かした程度でただ単にリーダーシップをとるということではなく，全員を納得させながら問題解決の方向に導いていくことが求められている。

④判断力

　　問題を十分理解し正しい判断が行われているかどうか，また討議の過程において自分のおかれている立場に対する状況判断が適切であるかどうか，などである。

⑤表現力

　　自分の主張しようとするところが適切な言葉や有効なエピソードなどを使って表現されているかどうか。また，このグループディスカッションは討論とはいっても勝ち負けが問題とされるわけではなく面接試験なのであるから，あまり感情をむき出しにした言葉遣いや，他の人に対する冷たい言い方は避けなければならないのは当然である。

⑥企画性

　　討論の進行に対して計画的な発言が行われているかどうか，また行おうと努力しているかどうかなどについて，特に，全体の状況に対する配慮などが評価される。

面接模範回答集

■■ 面接突破へのコツ——————————

1 面接における応答で重要なことは，質問に対してぶっきらぼうに
 ならない範囲でできるだけ短く答えるようにすることで，一呼吸で
 答えられる範囲が適当である。

2 面接の質問内容で特に準備しておくポイントの一つとして，学習
 指導要領の内容があげられる。それとなく聞かれることがあるので，
 改訂の内容について十分に理解しておく必要がある。

個人面接 ①

Q 貴方はこれまでにどのような社会活動やボランティア活動などを
 経験してきましたか。簡単に説明してください。

A 近くの小学校で学童保育の補助員を勤めてきました。

Q それはどのような活動ですか。

A 放課後に学校に残っている児童の面倒を見る仕事で，一緒に遊ん
 だり走り回ったりしています。

Q その活動からどのようなことを学びましたか。

A 子供との関わり方や遊びの中での様々なトラブルの対処を学びま
 した。

Q それを教師としてどのように役立てることができると思いますか。

A 教科指導や生活指導の場面で子供と関わってきた経験が生かせる
 と思います。

■POINT■

 社会活動やボランティア活動の経験は教師として必要な要素と見て
います。人に対する関心や面倒見の良さ，世話をすることなどは教師
の資質として適しているからです。

個人面接 ②

Q あなたが所属しているクラブやサークルについて説明してください。

A ○○クラブに所属して4年間活動を続けてきました。

Q そこでは，どんな役割をしていましたか。

A 会計を担当していました。

Q どのような活動内容でしたか。何か学ぶことができましたか。

A 活動費の徴収や支出，出納簿の記入などを通して，計画性や書類作成の事務的能力が身に付いたと思います。

Q それを教師としてどのように役立てることができますか。

A 教科指導の計画や学級経営の実務に生かせると思います。

■**POINT**■

　学生時代の活動でクラブ・サークル活動を通じて集団活動の基本を身に付け，社会性が高まっているか，といったことに面接官の関心があります。

個人面接 ③

Q 卒業研究はどのようなテーマで行いましたか。

A 教師のコンピテンシーについて研究しました。

Q 研究目的とポイントは何ですか。

A 教師に求められる実績評価とはなにかについて教員や生徒へのアンケート調査を通して，成果の出せる教師像を研究しました。

Q 研究の結果はどのようになりましたか。結果から学んだことはありますか。

A 生徒が満足し，学力や能力が伸びる教師の条件として人間性が重要であるとわかりました。

Q それを教師としてどのように役立てることができますか。

A 研究は十分に納得できる結果が得られ，これから目指す教師像の

指針として，教師としての人間性を高めていこうと思いました。

■POINT■

　卒業研究の内容は，学生時代の専門的な関心事の方向性を示しています。その内容と教職との関連性を明確に示すことが重要です。

個人面接 ④

Q **教育実習で特に努力したことは何ですか。**

A 生徒と積極的に関わることと教材研究や指導案づくりです。

Q **特に気を配ったことは何ですか。**

A 朝から放課後，生徒が下校するまで積極的に自分から生徒に声を掛けました。

Q **実習を通して身に付いたことは何ですか。**

A 実際の授業での経験を通して，実践的な授業力が少しですが身に付いたと思います。

Q **実習において特に学んだことは何ですか。**

A 生徒一人一人と関わることの大切さを学びました。

■POINT■

　教育実習の経験に関する質問は，教師としての適性を見るポイントとなります。努力したこと，困ったこと，嬉しかったことなどについて答えられるように整理しておく必要があります。

個人面接 ⑤

Q **教育実習の教科指導で特に気をつけたことは何ですか。**

A 教材研究と指導案づくりです。

Q **それはなぜですか。**

A 教壇に立って授業を行う経験がないので準備を十分にしないと不安だったからです。

Q **どのような努力をしましたか。**

A 教育実習が始まる前から教材研究を行い，指導案も事前に何枚も書いて担当の先生にご指導頂きました。

Q 教科指導を通してどんなことを学びましたか。

A 授業を組み立てることの難しさです。

■**POINT**■

教育実習で特に教科指導の取り組みについては，必ず聞かれると思っていいでしょう。生徒の実態，事前の教材研究，指導案作成，授業実践，授業の自己評価・反省から次時の授業修正などについてまとめておきましょう。

個人面接 ⑥

Q **貴方が教員として必要だと考える資質を1つ挙げてください。**

A 指導力だと思います。

Q それはなぜですか。

A 指導力は子供に確かな学力を身に付けさせたり，規律ある生活を指導するために必要だと思います。

Q そのような指導力を，これまでに身に付けるような努力をしてきましたか。

A 母校の部活動指導や地域のクラブ指導などを通して指導力を高めてきました。

Q 教員になってからも，そのような指導力を高めるためには，どのような努力が必要だと思いますか。

A 教員としての研修が重要だと思います。先輩の先生方から積極的に指導を頂き，指導力を高めていきたいと思います。

■**POINT**■

教師としての価値観・教育観や識見などを見る質問ですが，論理性や説明力・説得力なども判断される内容でもあります。教師として自らこだわる価値について論理立てて説得できるようにしておきます。

個人面接 ⑦

Q 貴方はどのようなところが教師に向いていると思いますか。

A 熱心に教えることだと思います。

Q 具体的に説明してください。

A 物事を人に教えるときにいつでも一所懸命に教えることができます。

Q それはどうして身に付いてきたのだと思いますか。

A 部活動の後輩指導などを通して身に付いてきたと思います。

Q それを教師としてどのように生かしていけると思いますか。

A 私は教えることが好きで，できるようになっていく姿を見ることに喜びを感じることから，教師の仕事に喜びがもてると思います。

■POINT■

　教職への適性や長所などの自己認識についての質問であり，1分間程度でといったように時間を指定され，自己PRを求められる場合もあります。自分の教職としての特徴については，手短に述べられるようにまとめておく必要があります。あれこれ言わずに端的に一つに絞っておくとよいでしょう。

場面指導 ①

Q いくら指導しても授業がわからない生徒がいたときにどのように対応しますか。

A 個別に根気強く指導していきます。

Q 具体的にどのような指導をしていきますか。

A わからないところを明確にして，個別に具体的な対策を立てて指導していこうと思います。

Q それでもダメだったらどうしますか。

A 放課後での個別指導の実施や教科や学年での協力した対応などを考えます。

Q みんながわかる，できる授業を展開するためには何が大切だと思いますか。

A 生徒がどの程度，授業内容を理解しているか，できるようになっているかなどの評価を実施し，生徒の実態に合わせた授業内容や指導方法を取り入れていこうと思います。

■**POINT**■

教科指導では常にわからない生徒への指導に創意工夫が必要になってきます。授業の中でどのように対応していくか，簡潔に答えられるようにしておくことが重要です。

場面指導 ②

Q 授業に遅れてきた生徒がいたらどうしますか。

A 短い時間で注意してから授業に参加させます。

Q 授業に遅れた理由が「かったるいから」ということでした。その場でどう指導しますか。

A 「かったるい」といった言葉から反抗的な生徒だと思いますが，その場では反抗的な態度については注意しないで授業を受けるように指導してから，後で個別に呼んで話をします。

Q 授業が終わってからの指導はどうしますか。

A やる気がなくなっている理由について，時間をかけて話を聞いていきます。できるだけ本人の立場を考えて意欲が出てくるような助言をしていこうと思います。

Q このようなことが起こらないようにするためにはどうしたらよいでしょうか。

A 将来の夢をもって，前向きに進んでいくように指導していくことが大事だと思います。キャリア教育を進めていくことが生活の改善にも役立つのではないかと思います。

■**POINT**■

授業への不適応を示す生徒はどこの学校でもいます。そのような生

徒への指導を具体的に考えておくことが重要です。

場面指導 ③

Q 授業の始めに出席をとりましたが，その後に途中でいなくなった生徒への対応はどのようにしたらよいと思いますか。

A いなくなった生徒を探して指導します。

Q 具体的にどのように対処しますか。

A いなくなった原因や行き先を知っている生徒がいないか生徒を集めて聞いてみます。わからない場合にはとりあえず近くのトイレ等行きそうな場所を体育委員や保健委員に探させます。

Q それでもわからなかった場合，その後，どのような指導をしていきますか。

A それでもいなかった場合には，手の空いている教員に依頼して探してもらい，管理職にも報告します。

Q このようなことが起こらないようにするためにはどうしたらよいでしょうか。

A 先ずは，授業における生徒指導と生徒管理を徹底することだと思います。

■POINT■

授業での管理上の問題で施設・設備の管理，安全上の管理とともに生徒管理も重要な課題です。正答が特にあるわけではありませんが，重要なポイントを踏まえるようにする必要があります。

場面指導 ④

Q 教室に入ったところ生徒が喧嘩をしていた。このようなときにどのように指導しますか。

A 先ず，喧嘩をやめさせてから個別に指導します。

Q 喧嘩をすぐにやめなかったら具体的にどのように指導しますか。

A 他の教員にも協力を求めて，二人の間に入って喧嘩をやめさせます。

Q そのあとはどのように指導していきますか。

A 一人ずつ本人の言い分を聞き，喧嘩の原因を聞いて，解決しようと思います。

Q クラスの担任として喧嘩が起こらないように，どのように対策を立てますか。

A 学級活動や学校行事の時間を使って，生徒が協力し合うために，話し合って課題解決する場をつくっていき，生徒が互いに理解し合えるようにしたいと思います。

■**POINT**■

　生徒指導の問題で緊急事態が生じることがあります。咄嗟にどのような行動を取るのか，また，その後にどう対応するのかなど実践的な問題処理能力が求められます。

場面指導 ⑤

Q 校内の掃除をしていたところ，生徒が廊下を土足で歩いていました。この場合どのような対応をしますか。

A その場で止めさせます。

Q 具体的にどのような指導をしていきますか。

A その場で制止させて注意します。生徒たちがみんなで取り組む校内美化の活動を踏みにじる行為は断じて許さないと指導します。

Q その後に，どのような指導をしていきますか。

A なぜそのような行為をしたのかについて個別に話を聞き，本人の言い分があるのであれば，それも聞こうと思います。

Q 生徒が土足で上がってこないためには，今後どのような指導が必要だと思いますか。

A 校内美化活動を推進し，生徒会活動などで検討させていきたいと思います。

▐POINT▐

　日常の生徒指導の中でも問題行動への指導は，教師の生徒指導の力量が明確に表れ，実践的な指導力を評価することができます。問題行動に対して毅然とした態度で具体的な指導の仕方を示すことは教師の資質としても期待される要素です。

場面指導 ⑥

Q　子供がクラスでいじめられていると親が訴えてきた場合，あなたはどのように対応しますか。

A　保護者と直接会って，話を十分に詳しく聞き，対処しようと思います。

Q　具体的にどのような話をしていきますか。

A　いじめの内容については，日時や具体的な内容を正確に聞いてメモをとり，学年主任や管理職に報告し相談をします。

Q　その後に，どのような指導をしていきますか。

A　クラスの生徒全員から事情を聞いて，事実を再度，正確に確認し，いじめている生徒に対する指導を行います。

Q　このようなことが起こらないようにするためにはどのようなことが必要だと思いますか。

A　いじめはいけないと言うことは徹底して日常的に指導していくことを学年会や職員会議で確認し，具体的に実践していくことが大切だと思います。

▐POINT▐

　いじめの問題はどこの学校でも重要な教育課題となっています。意地の悪い一言から集団いじめに発展していく例も多く，問題の発覚から初期対応やその後の対応，発生予防の対策などについて考えておく必要があります。

場面指導 ⑦

Q 保護者から，茶色の髪がなぜダメかと聞かれた場合，あなたはどのように対応しますか。

A 先ずは，保護者の言い分を聞くようにします。

Q 具体的にどのような話をしていきますか。

A 学校で禁止されている理由を説明します。茶髪が許される場は社会でも限られているため，生徒の将来の進路が限定されてしまう恐れがあることを保護者に理解させようと思います。

Q その後に，どのような話をしていきますか。

A 社会のルールを守って生きていくことが社会人に求められていることを学校教育の中でしっかりと指導していくことが大切だと話していきます。

Q このようなことが起こらないようにするためには，どのようなことが必要だと思いますか。

A 保護者の考え方を理解しながらも，学校教育の方針についても十分な説明をして理解を得られるように家庭との連携を強化していくことが必要だと思います。

■POINT■

保護者への対応も教員として重要な職務であり，最近，多くなった地域や保護者などからのクレームに対する対応の仕方などもあらゆる場面を想定しながら対応策を考えておく必要があります。

実技試験対策

■■ 実技試験の実施意義────────

実技試験と言っても，全員に課される運動能力テストのようなものと，専門教養に関するものの2種類あるが，ここでは，専門教養に関する実技について説明することにする。

(1) 意義

実技試験の意義については，小学校と中学校・高校とでは少々異なる。小学校は全科担任制，つまりすべての教科について指導することになっており，中学校・高校は専門教科になるという違いになる。つまり，小学校は9教科，中学校・高校はその1教科のみとなる。まず，全体の実技試験の実施状況をみてみると，実技試験を実施していない県は皆無である。つまり，実技試験なしでは教員採用試験は成り立たないことになる。一次あるいは二次に実施という違いはあるものの，採用試験に対する実技の占める割合は等しく重要である。筆記教科の条件＋実技能力が，教師には必要とされる。実技技能と指導に対する情熱が，実技教科の教師となるべき最低条件である。

実技試験では，その実技のうまい，へたをみるためだけではなく，熱意がみられるか，確実にできるか，ある程度の技能がしっかり身についているかどうかなどが求められている。実技教科で実技を行うことによって情操教育を行い，人間形成の一翼を担うのが学校教育での実技教科の意義である。実技教科は指導力が必要で，児童・生徒への影響が多大であることは先にも記したが，特定の優れた児童・生徒を育てるのではなく，児童・生徒の全体的なレベルアップを図るのが実技教科のねらいである。

(2) 学校・学級現場

小学校の実技をみてみよう。音楽，図画工作，体育，技術家庭であ

るが，その教科を含めた全教科の中で最も好かれているのが体育である。からだを動かせること，机上の教科ではないこと，教室内だけではないことなどがあげられる。そのために，児童といっしょになってくれる先生が，子供たちの間では好かれる。体育といっても水泳，ボール運動，マット運動，鉄棒，とび箱などがあるので，それらすべてができなければ教師になる資格はないことになる。図工においては，技能というよりその材料，製作過程をよく理解していること，児童にものをつくり出すことの楽しさを教えることなどが必要である。音楽においては，音楽の楽しさを指導することが大切だ。うまい，へたではなく音楽の基礎を教える，音に親しませることが教師に望まれる。中学校・高校の各実技教科は，専門教科であるため高度な技能が必要である。

　中学校・高校になれば，生徒にもその教科の好き嫌いがはっきりしてくることになる。体育の苦手な生徒，音楽の嫌いな生徒，美術をいやがる生徒が現れるとともに，逆に好きな生徒が出てきて，その生徒の能力をのばせるよう指導することも重要になってくる。教員採用試験の実技教科にもう1つ，英語があげられる。これは，ほとんどの場合ヒアリングと英会話である。実施する県がふえており，ますます内容は高度になってきているが，国際社会に向かっていく社会状況を考えても，英語教育は注目をあびることになる。英語が好きか嫌いかはっきりするのが，この中学校・高校の時期であるから，指導する教師の力が問題になってくることになる。

　学校行事もまた実技教科と関わってくる。音楽会，展覧会，運動会，体育祭，夏休み作品展，書道展，水泳大会，学芸会・文化祭などや遠足があり，それぞれ各実技教科と結びついている。そのために小学校の教師はそれらを指導しなければならない。中学校・高校の教師は生徒中心に行う行事の手助けをしなければならない。クラブ活動の指導もあるために，音楽・体育などができなければならないわけだ。

■■ **実技試験の準備・対策**——————————

小学校

A. 音楽

　小学校音楽はほとんどの県で実施されている。そのため，小学校の教員採用試験を受験する者は，音楽の実技は絶対に練習しておかなければならない。特に学習指導要領に掲載されている歌唱共通教材やバイエルなどは実技試験に頻出するので，弾き歌いは充分にできるようにしたい。

【1学年及び2学年】

　• 歌唱

　〔1学年〕

　　「うみ」(文部省唱歌)　林柳波作詞　井上武士作曲

　　「かたつむり」(文部省唱歌)

　　「日のまる」(文部省唱歌)　高野辰之作詞　岡野貞一作曲

　　「ひらいたひらいた」(わらべうた)

　〔2学年〕

　　「かくれんぼ」(文部省唱歌)　林柳波作詞　下総皖一作曲

　　「春がきた」(文部省唱歌)　高野辰之作詞　岡野貞一作曲

　　「虫のこえ」(文部省唱歌)

　　「夕やけこやけ」　中村雨紅作詞　草川信作曲

　• 鑑賞

(1)　鑑賞の活動を通して，次の事項を指導する。

　　ア　楽曲の気分を感じ取って聴くこと。

　　イ　音楽を形づくっている要素のかかわり合いを感じ取って聴くこと。

　　ウ　楽曲を聴いて想像したことや感じ取ったことを言葉で表すなどして，楽曲や演奏の楽しさに気付くこと。

(2)　鑑賞教材は次に示すものを取り扱う。

　　ア　我が国及び諸外国のわらべうたや遊びうた，行進曲や踊りの

音楽など身体反応の快さを感じ取りやすい音楽，日常の生活に関連して情景を思い浮かべやすい楽曲

イ　音楽を形づくっている要素の働きを感じ取りやすく，親しみやすい楽曲

ウ　楽器の音色や人の声の特徴を感じ取りやすく親しみやすい，いろいろな演奏形態による楽曲

【3学年及び4学年】

・歌唱

〔3学年〕

「うさぎ」(日本古謡)

「茶つみ」(文部省唱歌)

「春の小川」(文部省唱歌)　高野辰之作詞　岡野貞一作曲

「ふじ山」(文部省唱歌)　巌谷小波作詞

〔4学年〕

「さくらさくら」(日本古謡)

「とんび」　葛原しげる作詞　梁田貞作曲

「まきばの朝」(文部省唱歌)　船橋栄吉作曲

「もみじ」(文部省唱歌)　高野辰之作詞　岡野貞一作曲

・鑑賞

(1)　鑑賞の活動を通して，次の事項を指導する。

ア　曲想とその変化を感じ取って聴くこと。

イ　音楽を形づくっている要素のかかわり合いを感じ取り，楽曲の構造に気を付けて聴くこと。

ウ　楽曲を聴いて想像したことや感じ取ったことを言葉で表すなどして，楽曲の特徴や演奏のよさに気付くこと。

(2)　鑑賞教材は次に示すものを取り扱う。

ア　和楽器の音楽を含めた我が国の音楽，郷土の音楽，諸外国に伝わる民謡など生活とのかかわりを感じ取りやすい音楽，劇の音楽，人々に長く親しまれている音楽など，いろいろな種類の楽曲

335

　　イ　音楽を形づくっている要素の働きを感じ取りやすく，聴く楽
　　　　しさを得やすい楽曲
　　ウ　楽器や人の声による演奏表現の違いを感じ取りやすい，独奏，
　　　　重奏，独唱，重唱を含めたいろいろな演奏形態による楽曲

【5学年及び6学年】
・歌唱
〔5学年〕
　「こいのぼり」(文部省唱歌)
　「子もり歌」(日本古謡)
　「スキーの歌」(文部省唱歌)林柳波作詞　橋本国彦作曲
　「冬げしき」(文部省唱歌)
〔6学年〕
　「越天楽今様(歌詞は第2節まで)」(日本古謡)　慈鎮和尚作歌
　「おぼろ月夜」(文部省唱歌)　高野辰之作詞　岡野貞一作曲
　「ふるさと」(文部省唱歌)　高野辰之作詞　岡野貞一作曲
　「われは海の子(歌詞は第3節まで)」(文部省唱歌)
・鑑賞
(1)　鑑賞の活動を通して，次の事項を指導する。
　　ア　曲想とその変化などの特徴を感じ取って聴くこと。
　　イ　音楽を形づくっている要素のかかわり合いを感じ取り，楽曲
　　　　の構造を理解して聴くこと。
　　ウ　楽曲を聴いて想像したことや感じ取ったことを言葉で表すな
　　　　どして，楽曲の特徴や演奏のよさを理解すること。
(2)　鑑賞教材は次に示すものを取り扱う。
　　ア　和楽器の音楽を含めた我が国の音楽や諸外国の音楽など文化
　　　　とのかかわりを感じ取りやすい音楽，人々に長く親しまれてい
　　　　る音楽など，いろいろな種類の楽曲
　　イ　音楽を形づくっている要素の働きを感じ取りやすく，聴く喜
　　　　びを深めやすい楽曲
　　ウ　楽器の音や人の声が重なり合う響きを味わうことができる，

合奏，合唱を含めたいろいろな演奏形態による楽曲

B. 図画工作

　図工は，音楽ほどには技能が表われにくい教科である。誰でも鉛筆デッサンなり，水彩画は描くことができる。しかしそれが本当に美術的な意味で絵になっているわけではない。「うまい」「へた」ではなく，デッサンはものの見方，色彩感，創造性が必要である。次に小学校学習指導要領の各学年の指導すべき材料，用具を記載する。

【1学年及び2学年】
　　土，粘土，木，紙，クレヨン，パス，はさみ，のり，簡単な小刀類など

【3学年及び4学年】
　　木切れ，板材，釘(くぎ)，水彩絵の具，小刀，使いやすいのこぎり，金づちなど

【5学年及び6学年】
　　針金，糸のこぎりなど

C. 体育

　小学校受験者に全員といってよいほど多く実施されるのが体育，特に水泳である。そして，音楽とともにこの体育に，ますます実施される種類が多くなっている。以前は水泳のみの実施であった県でも，鉄棒やマットやボール運動を実施する傾向にあるので，必ずそれらすべてを練習しておいた方がよい。やはり，学習指導要領の内容を中心に出題されるので，学習指導要領に示されている教科の構成を以下に示す。

【1学年及び2学年】
　　「体つくりの運動遊び」，「器械・器具を使っての運動遊び」，「走・跳の運動遊び」，「水遊び」，「ゲーム」及び「表現リズム遊び」

【3学年及び4学年】
　　「体つくり運動」，「器械運動」，「走・跳の運動」，「水泳運動」，

「ゲーム」,「表現運動」,「保健」

【5学年及び6学年】

「体つくり運動」,「器械運動」,「陸上運動」,「水泳運動」,「ボール運動」,「表現運動」,「保健」

以上の学習指導要領と採用試験の実技実施内容を見比べてもわかるが,学習指導要領と実技試験内容は一致している。つまり,学習指導要領にしたがって出題されていることになる。これらは,体育の基礎となるばかりか,児童を指導する上でも必要な技能である。水泳については,必ず指導することになっているので泳げなければ教師にはなれないことになる。

出題される内容のポイントをしっかりとつかむこととともに意味もはっきりと把握して,技能をみがくことが大切である。

中学校・高等学校

A. 音楽

○ピアノ演奏,○弾き歌い(共通教材),○弾き歌い(共通教材以外),○聴音,○新曲視唱,○伴奏づけ,○リコーダー演奏,がポイントとなる。

いずれも範囲が広く,専門教科なので高度の技能が要求される。共通教材,バイエルなどのソルフェージュの曲については,必ず演奏ができて歌え,伴奏づけもできるようにしておくことが望ましい。専門教科であり,中学生,高校生を指導するのであるから,高度の技能及び高い指導力がなければならない。また音楽をはじめ実技教科は,技能ばかりにとらわれて,評価を「うまい,へた」だけで決めてしまうものではない。そのために生徒が音楽を嫌いになってしまうこともあるので,教師の指導力も必要である。

また,逆に技能不足であると,生徒に音楽をわからせることができなくなり,これもまた生徒を音楽嫌いにしてしまうことになる。技能が高度であれば,生徒の信頼感も得られることになる。

日常の練習をして，自己の技能をみがくこと，ピアノばかりでなくリコーダーのことについても知っておかなければならないこと，聴音についても慣れておかなければならない。

実技は，実際に生徒の見本となっていると思って演奏なり歌唱なりを行うべきである。

B. 美術

○鉛筆デッサン，○水彩画，○デザイン，○木炭デッサン，○平面・立体構成，○油彩画・日本画・彫塑，が主な出題範囲である。

鉛筆デッサン，水彩画は必ず出題される。それらの意味をよく考えて練習をすることである。デッサンとは物の見方を学ぶこと，そしてその見たことを描写することである。描けば描くほど力がつくのがこの鉛筆デッサンであるから，暇をみて練習しておくこと。

水彩画は，水彩絵の具の特徴をよくつかむと同時に使い方をマスターしなければならない。この場合まぜ方，重ね方がポイントになる。にごらないようにしなければならないし，また色彩感覚も問われることになる。

美術の場合は，描くことは誰でもできる。しかし，他人に指導する以上，特に教師として生徒に指導する以上，技能が高くなくてはならない。しかし，その反面芸術的に高いものばかりを追い求めて，生徒の美術嫌いをつくってはならない。教師には，人間性が要求される。

C. 保健体育

ポイントとして，○水泳，○器械運動(鉄棒，マット，跳び箱)，○陸上競技(ハードル走，高跳び，幅跳び)，○球技(バスケットボール，バレーボール，ラグビー，サッカー，ドリブル，シュート，パス，フェイント，スパイク，レシーブ)，○ダンス，○武道(柔道，剣道)，○体操などが挙げられる。

水泳は，クロール・平泳ぎ・背泳ぎの3種は必ず泳げるようにすること。夏場のスポーツなので，練習は計画して行わないとできなくなっ

てしまうこともあるので注意が必要だ。器械運動は，上記した3種目は完全にできるようにしておくこと。連続技としてできるように，鉄棒の逆上がりは必ず出題されるからマスターしておくこと。陸上競技はハードル走が大部分であるので，ハードルを倒さないこと，フォームなどに注意して練習を積むことが必要である。

　球技は，試合かまたは個々に上記した技能を見ることになる。難しいものはないので確実にできるということが要求される。試合においてはその人の性格が表れるうえに，練習しにくいので，グループをつくって試合をやってみることだ。ダンス，武道は，女子と男子に分けられるが，それぞれ練習不足になりやすいので注意したい。ダンスは恥ずかしがらずにきちんと表現することが重要であり，武道は危険を伴うので基礎をしっかりと身につけておかなければならない。体操は，ラジオ体操と創作体操がほとんどである。どちらも型をしっかりと把握して，きちんと表現したい。

D．家庭

　被服と食物に分けられる。被服は，そでつけ，そでつくり，えりつけ，ポケットつけ，幼児の衣類などをつくることが出題され，それらを通して，縫い方やボタン・ファスナー・スナップつけなどをみる。

　食物は，調理をさせて，その手順，調理の方法，調味料などが正しいかどうかをみる。時間的に考えて，あまり難しく複雑なものは出題されない。切り方や調味料の使い方，料理のつくり方などは，日頃から心掛けておきたい。手順の良し悪しがポイントになるので，注意するように。材料研究をしておくこと。

E．技術

　出題している県は少ない。しかし，これから増えると考えられるので，やはり日常から作業を通して，用具・工具の使い方や，作業方法を頭に入れておかなければならない。特に回路計などは慣れておくように。危険が伴う教科であるから，しっかりと技能を身につけておく

こと。

F. 英語

　国際社会になるとともに英語が重要になってきている。今までは英語を習っていても話せないということがあり，それが問題になっている。小学校でも，小学校第3学年から外国語活動を取り入れることになったため，ますます英語力が重視されるようになった。英語の実技では，英会話の重視がまず第一にあげられる。時間があれば，テープなりラジオ・テレビの英会話を聞き，英語に慣れることが一番重要である。英語を聞くことによって，ヒアリングも発音・アクセント・イディオムなども身につく。英語に親しむことが大切である。

●書籍内容の訂正等について

　弊社では教員採用試験対策シリーズ（参考書，過去問，全国まるごと過去問題集），公務員試験対策シリーズ，公立幼稚園・保育士試験対策シリーズ，会社別就職試験対策シリーズについて，正誤表をホームページ（https://www.kyodo-s.jp）に掲載いたします。内容に訂正等，疑問点がございましたら，まずホームページをご確認ください。もし，正誤表に掲載されていない訂正等，疑問点がございましたら，下記項目をご記入の上，以下の送付先までお送りいただくようお願いいたします。

---

① **書籍名，都道府県（学校）名，年度**
　（例：教員採用試験過去問シリーズ　小学校教諭 過去問　2025年度版）
② **ページ数**（書籍に記載されているページ数をご記入ください。）
③ **訂正等，疑問点**（内容は具体的にご記入ください。）
　（例：問題文では“ア〜オの中から選べ”とあるが，選択肢はエまでしかない）

〔ご注意〕

○ 電話での質問や相談等につきましては，受付けておりません。ご注意ください。

○ 正誤表の更新は適宜行います。

○ いただいた疑問点につきましては，当社編集制作部で検討の上，正誤表への反映を決定させていただきます（個別回答は，原則行いませんのであしからずご了承ください）。

●情報提供のお願い

　協同教育研究会では，これから教員採用試験を受験される方々に，より正確な問題を，より多くご提供できるよう情報の収集を行っております。つきましては，教員採用試験に関する次の項目の情報を，以下の送付先までお送りいただけますと幸いでございます。お送りいただきました方には謝礼を差し上げます。

（情報量があまりに少ない場合は，謝礼をご用意できかねる場合があります）。

◆あなたの受験された面接試験，論作文試験の実施方法や質問内容

◆教員採用試験の受験体験記

| 送付先 | ○電子メール：edit@kyodo-s.jp
○FAX：03-3233-1233（協同出版株式会社　編集制作部 行）
○郵送：〒101-0054　東京都千代田区神田錦町2-5
　　　　　協同出版株式会社　編集制作部 行
○HP：https://kyodo-s.jp/provision（右記のQRコードからもアクセスできます） | |

※謝礼をお送りする関係から，いずれの方法でお送りいただく際にも，「お名前」「ご住所」は，必ず明記いただきますよう，よろしくお願い申し上げます。

教員採用試験「過去問」シリーズ

鳥取県の
面接 過去問

編　集　　Ⓒ 協同教育研究会
発　行　　令和6年1月25日
発行者　　小貫　輝雄
発行所　　協同出版株式会社

　　　　　〒101-0054　東京都千代田区神田錦町2‐5
　　　　　電話　03－3295－1341
　　　　　振替　東京00190－4－94061
印刷所　　協同出版・POD工場

　　　　　落丁・乱丁はお取り替えいたします。